～貼出獨樹一幟的生活情調～

紙膠帶輕手作

紙雜貨與文房具

楓 書 坊

Contents

Chapter1 常備用品

Chapter2 紙雜貨

Chapter3 日常小物

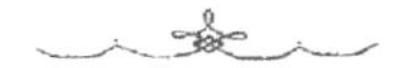

裝飾膠帶簡介

以下是本書使用的裝飾膠帶一覽表。提供您做為製作作品時的參考。

15mm寬（附★記號者也有7mm寬）

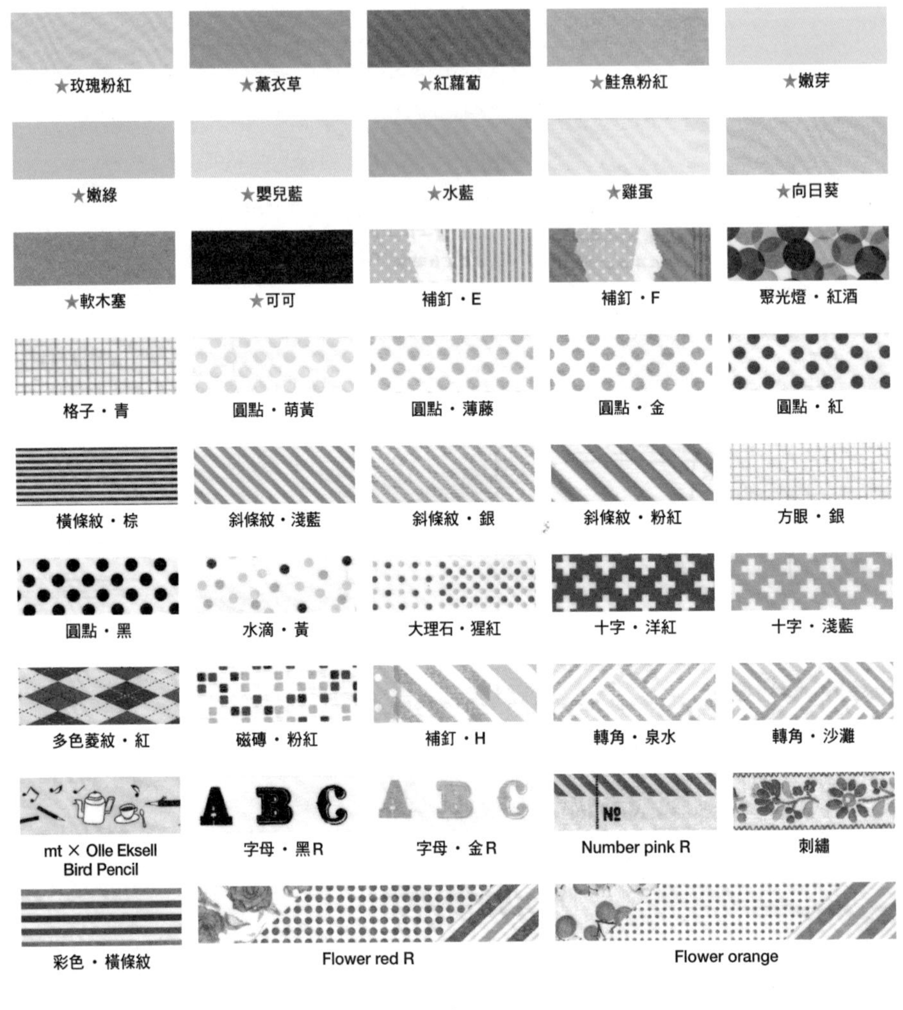

20mm寬

拼布

25mm寬

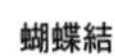

蝴蝶結

30mm寬

斜條紋・銀

圓點・金

水滴・薰衣草

花R

Garden

蝴蝶

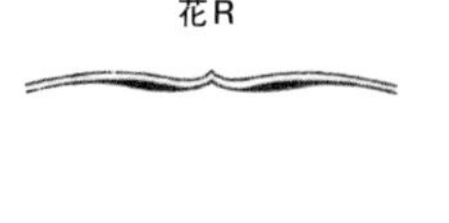

裝飾框・黑R

繩卷

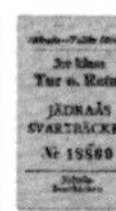

票券

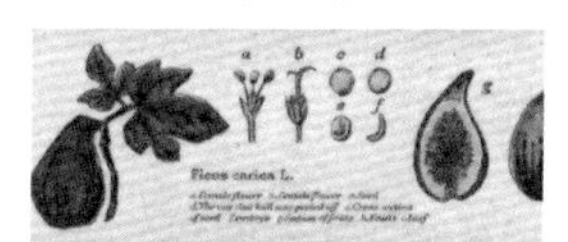

圖鑑・植物

圖鑑・海洋生物

可重疊膠帶・熊&松鼠

35mm寬

緞帶・金R

安全別針・待針R

印章

45mm寬

郵票

9mm寬

hope→emotional→luck→kind→dream→much→

mt × mina perhonen shiritori・yellow

ck→happy→yes→smile→enjoy→yell→laugh→hope

mt × mina perhonen shiritori・gray

6mm寬

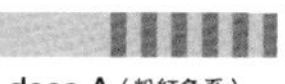

deco A（粉紅色系）

deco A（黃色系）

deco A（紫色系）

deco D（綠色系）

deco E（綠色系）

deco F（縱條紋）

deco F（圓點）

3mm寬

A（橘×水藍）

A（橘×黃綠）

＊本書使用之裝飾膠帶皆為鴨井（KAMOI）加工紙株式會社的產品。如有關於材料之任何疑問，請依書末提供之資訊洽詢。

＊製作時若未指定為「撕下使用」，則所有裝飾膠帶皆是以剪刀或美工刀裁切使用。

本書的閱讀方法

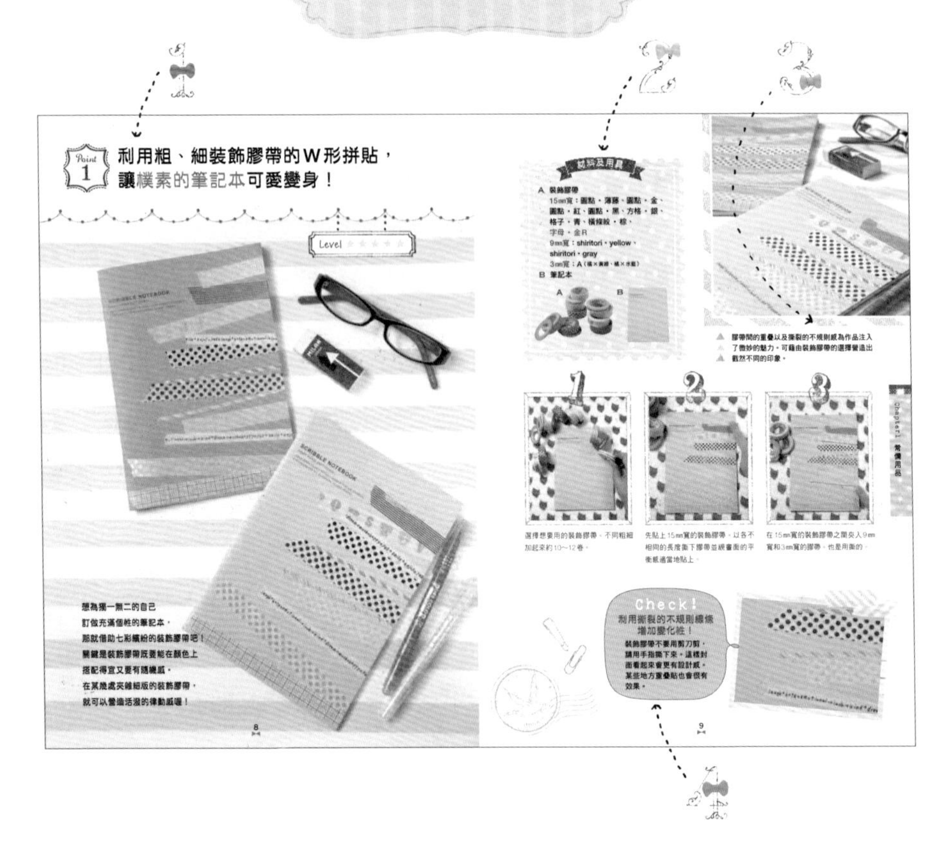

Point 1 利用粗、細裝飾膠帶的W形拼貼，
讓樸素的筆記本可愛變身！

Level ★★★★★

想為獨一無二的自己
訂做充滿個性的筆記本，
那就借助七彩繽紛的裝飾膠帶吧！
關鍵是裝飾膠帶既要能在顏色上
搭配得宜又要有隨機感，
在某幾處夾雜細版的裝飾膠帶，
就可以營造活潑的律動感喔！

8

材料及用具

A 裝飾膠帶
15mm寬：圓點・薄藤、圓點・金、
圓點・紅、圓點・黑、方格・銀、
格子・青、橫條紋・棕、
字母・金R
9mm寬：shiritori・yellow、
shiritori・gray
3mm寬：A（橘×黃綠、橘×水藍）
B 筆記本

膠帶間的重疊以及撕裂的不規則感為作品注入了微妙的魅力。可藉由裝飾膠帶的選擇營造出截然不同的印象。

1 選擇想要用的裝飾膠帶。不同粗細加起來約10～12卷。

2 先貼上15mm寬的裝飾膠帶。以各不相同的長度撕下膠帶並視畫面的平衡感適當地貼上。

3 在15mm寬的裝飾膠帶之間夾入9mm寬和3mm寬的膠帶。也是用撕的。

Check!
利用撕裂的不規則線條增加變化性！
裝飾膠帶不要用剪刀剪，請用手指撕下來，這樣封面看起來會更有設計感。某些地方重疊貼也會很有效果。

9

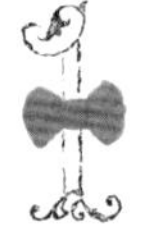

標題及難易度

標題彙整了使用裝飾膠帶製作雜貨時的訣竅及要點等。難易度則分成了從1顆★到5顆★的5個階段。★愈少愈簡單。

材料及用具

依照這個一覽表備齊材料和用具。紙類、拼貼素材等也可依個人喜好改成自己手邊的東西。

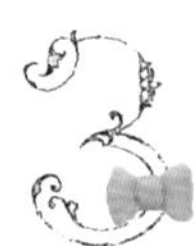

作品說明

對於作品的優點、製作時的注意事項、實際使用時的訣竅等提供附照片的詳細解說。

Check!

提供能讓製作過程更方便快速的建議或小技巧並詳加解說。也可以應用在其他作品上。

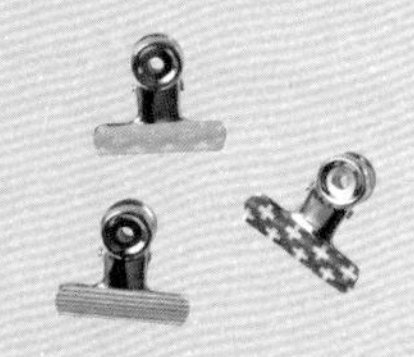

Chapter 1
常備用品

就是因為這些東西經常陪伴我們左右，

所以更要用它們來體現自我風格才行。

只要善用裝飾膠帶，

就能輕輕鬆鬆實現這個願望。

讓筆記本、麥克筆、剪刀、透明資料夾等

既實用又可愛的常備用品

幫忙提振每天的士氣吧！

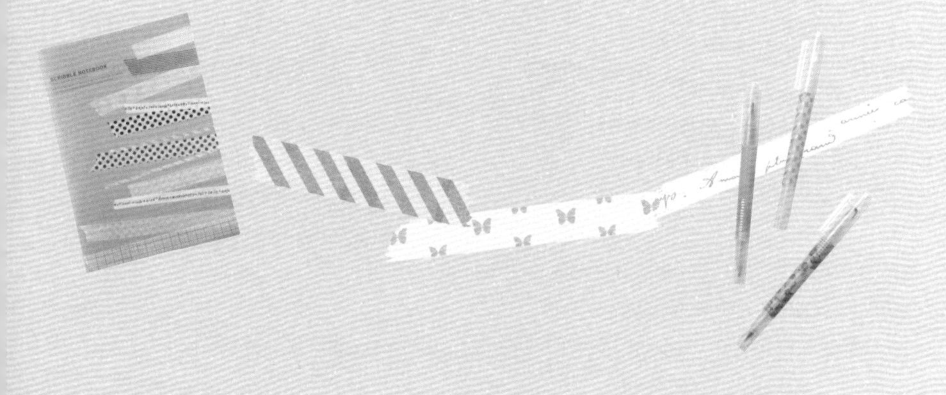

利用粗、細裝飾膠帶的W形拼貼，讓樸素的筆記本可愛變身！

想為獨一無二的自己
訂做充滿個性的筆記本，
那就借助七彩繽紛的裝飾膠帶吧！
關鍵是裝飾膠帶既要能在顏色上
搭配得宜又要有隨機感。
在某幾處夾雜細版的裝飾膠帶，
就可以營造活潑的律動感喔！

A 裝飾膠帶
15㎜寬：圓點・薄藤、圓點・金、圓點・紅、圓點・黑、方格・銀、格子・青、橫條紋・棕、字母・金R
9㎜寬：shiritori・yellow、shiritori・gray
3㎜寬：A（橘×黃綠、橘×水藍）
B 筆記本

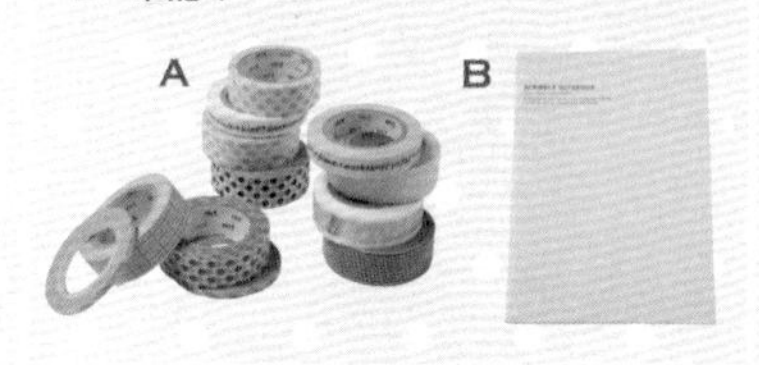

膠帶間的重疊以及撕裂的不規則感為作品注入了微妙的魅力。可藉由裝飾膠帶的選擇營造出截然不同的印象。

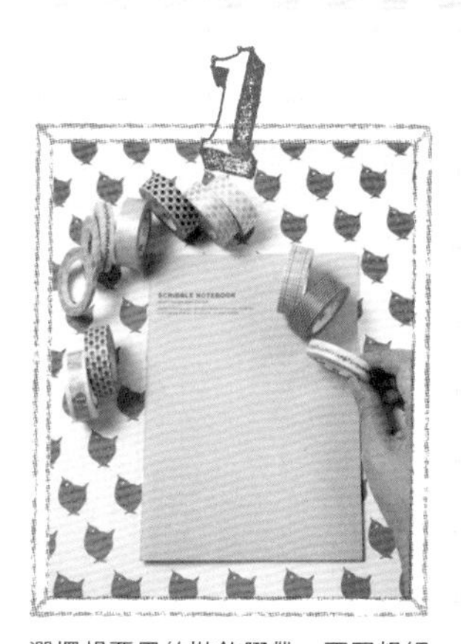

選擇想要用的裝飾膠帶。不同粗細加起來約10～12卷。

先貼上15㎜寬的裝飾膠帶。以各不相同的長度撕下膠帶並視畫面的平衡感適當地貼上。

在15㎜寬的裝飾膠帶之間夾入9㎜寬和3㎜寬的膠帶。也是用撕的。

Check!

利用撕裂的不規則線條增加變化性！

裝飾膠帶不要用剪刀剪，請用手指撕下來。這樣封面看起來會更有設計感。某些地方重疊貼也會很有效果。

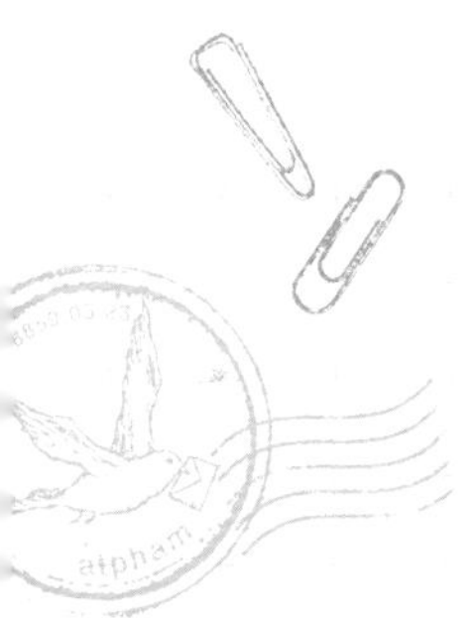

讓麥克筆穿上裝飾膠帶的可愛外衣！

Level ★★★★★

用自己喜歡的裝飾膠帶幫常用的麥克筆做件可愛的衣裳吧！
選擇和麥克筆同色系的裝飾膠帶就可以了唷！

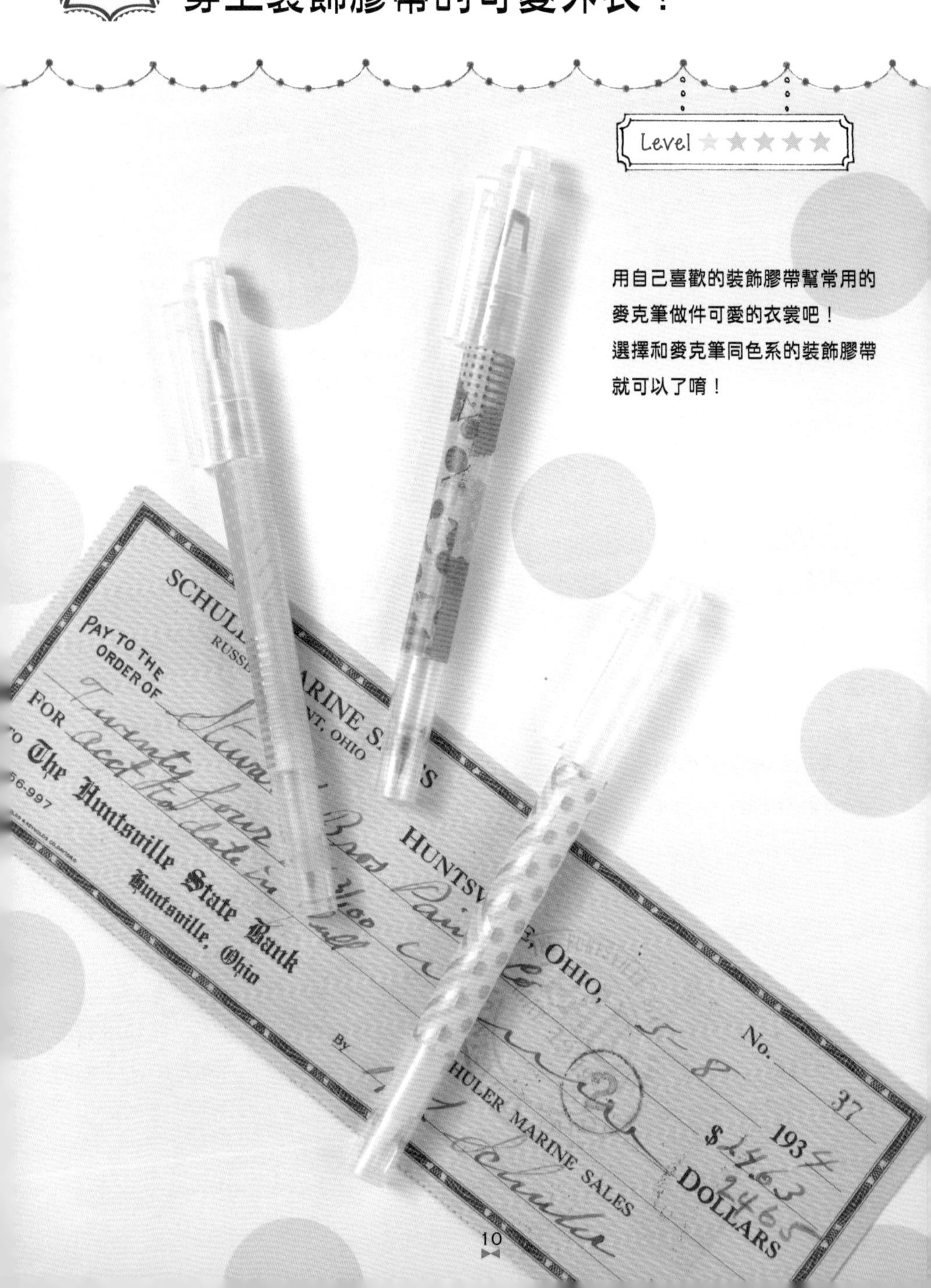

材料及用具

A 裝飾膠帶
15㎜寬：補釘・F、
Flower orange
7㎜寬：向日葵
B 麥克筆
C 美工刀、裁切墊

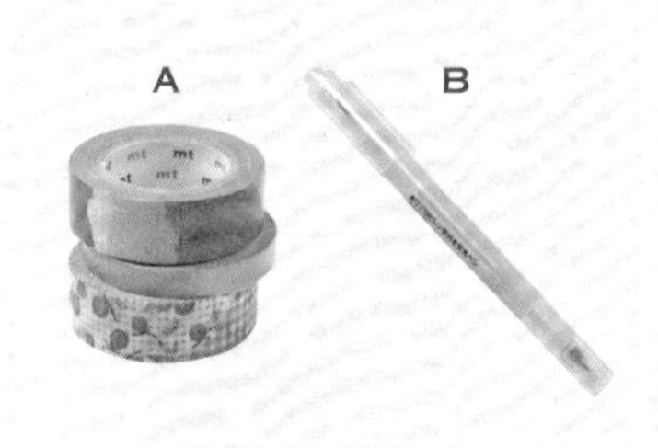

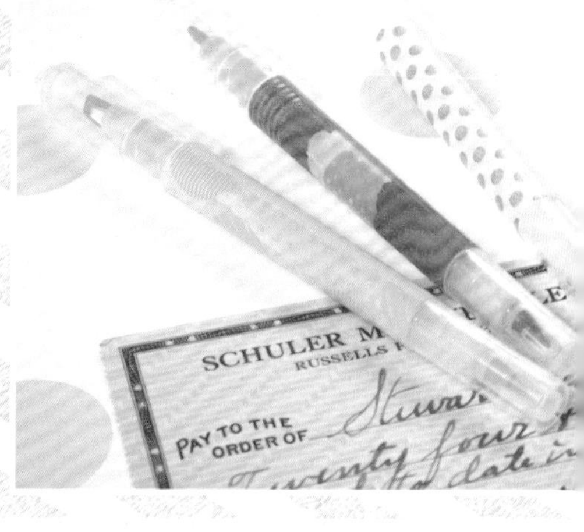

只要在麥克筆的主體部分貼上裝飾膠帶就可以了，非常簡單。每種顏色的麥克筆都可以貼貼看，很好玩喔！

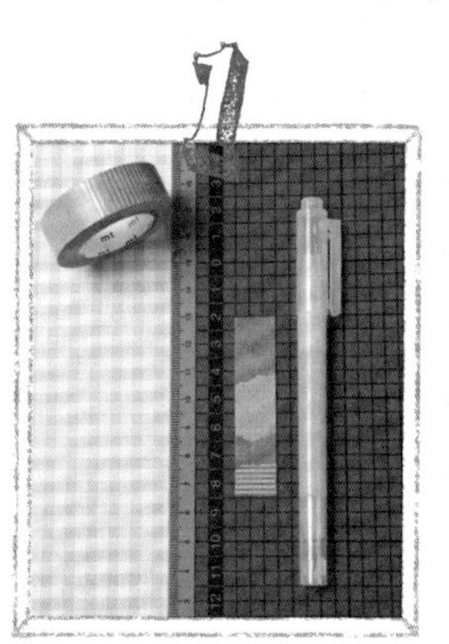

配合麥克筆軸管長度剪下裝飾膠帶。

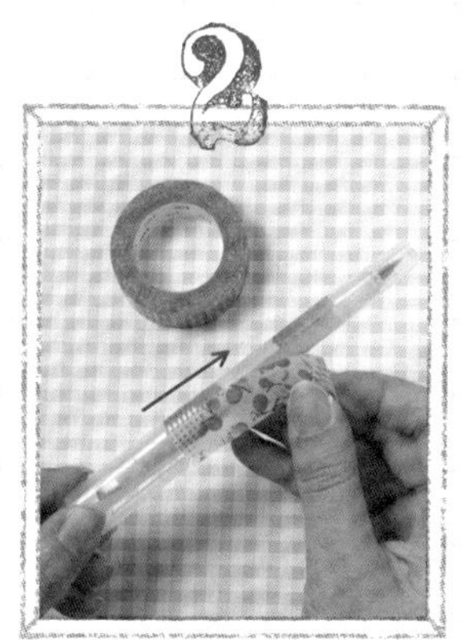

把2條15㎜寬的裝飾膠帶由下而上貼在麥克筆的軸管上。

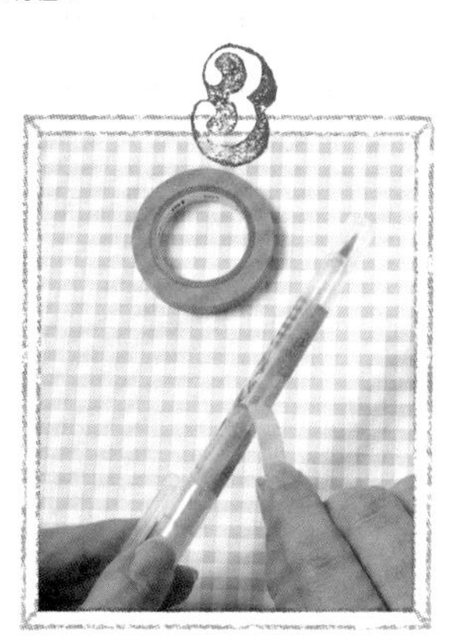

在裝飾膠帶的間隙貼上7㎜寬的裝飾膠帶補滿。

Check!
裝飾膠帶要和麥克筆同色系！
橘色就貼上橘色～紅色系，黃色就貼上黃色～米黃色系，只要配合麥克筆的色系貼上裝飾膠帶，看起來就會很一致、很漂亮喔！

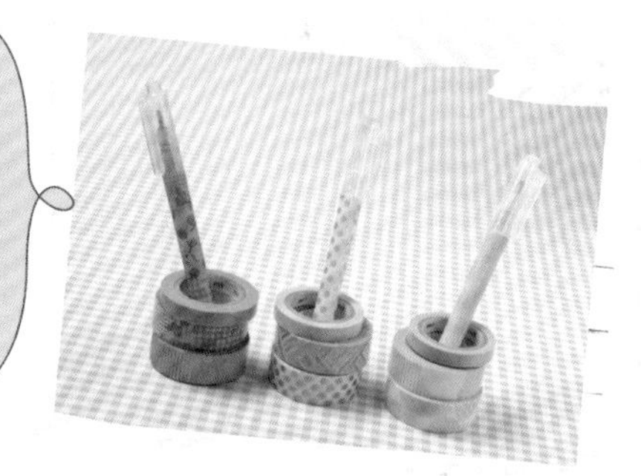

利用裝飾膠帶把飲料杯改造成簡單可愛的筆筒！

透明的咖啡廳飲料杯
和七彩繽紛的裝飾膠帶非常速配。
只要把裝飾膠帶貼成縱向的條紋，
時尚的筆筒就瞬間完成了！

材料及用具

A 裝飾膠帶
15㎜寬：Flower orange、補釘・F
7㎜寬：鮭魚粉紅
B 飲料杯
C 裁切墊

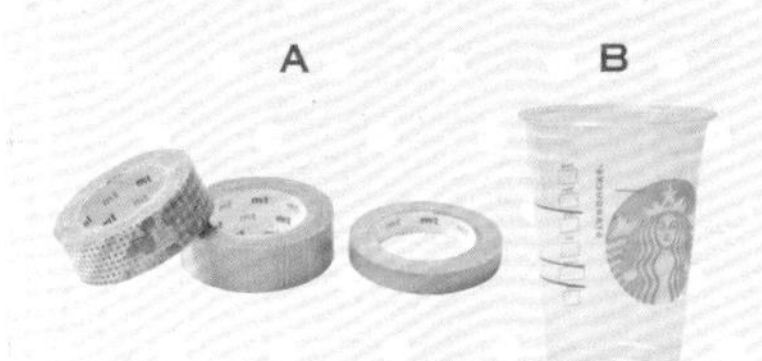

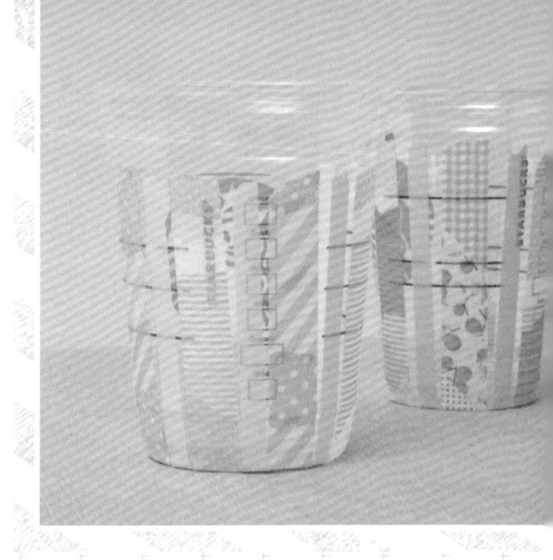

▲ 手撕的不規則裂痕充滿了迷人的魅力。把貼上的裝飾膠帶控制在差不多的長度，整體感就會很好。

撕下幾條15㎜寬的裝飾膠帶，縱向貼在飲料杯上。多餘的長度就摺到底側貼合。

在剛才貼的裝飾膠帶之間再貼一條15㎜寬的裝飾膠帶。

在目前為止貼的裝飾膠帶之間補上7㎜寬的裝飾膠帶以減少空隙。

Check!

用同色系的裝飾膠帶營造整體感

裝飾膠帶不要撕得很平整，有點粗糙感才會更有型。配色則建議選擇同色系。

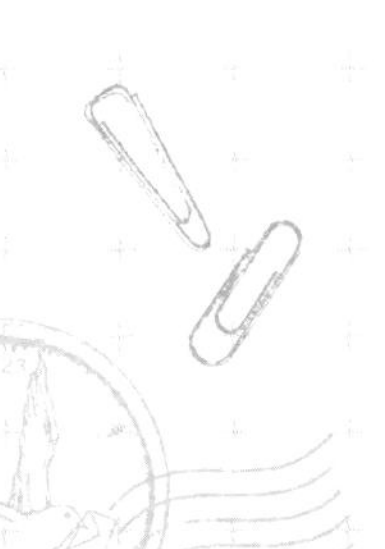

活用裝飾膠帶的花樣 設計一個專屬自己的留言板！

Level ★★★★★

只要在圖畫紙上貼一些自己喜歡的裝飾膠帶
就完成了的超簡單原創留言板。
掀開蓋子就看見預先放好的便條紙。
光是放在桌上也能成為目光焦點！

材料及用具

A 裝飾膠帶
35㎜寬：印章
30㎜寬：圓點・金
B 圖畫紙（白）
C 草紙（A4尺寸）
D 美工刀、裁切墊、
剪刀、尺、釘書機

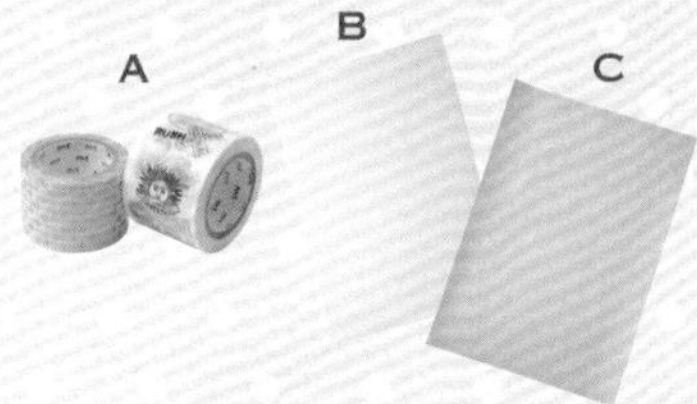

除了備忘紙用的草紙之外，摺紙用紙或包裝紙等也OK。自己去找可愛的紙吧！

把圖畫紙裁切成24.5cm×8cm的大小。把幾張草紙裁切成8等分。

中央貼上35㎜寬的裝飾膠帶，左右貼上30㎜寬的裝飾膠帶。超出的部分用剪刀剪掉。

參照底下的「Check！」把圖畫紙摺起來，把草紙夾在下部並用釘書機固定。

Check!

圖畫紙的尺寸與摺線

沿著圖示的摺線用刀子輕輕劃出痕跡，這樣就會很好摺。

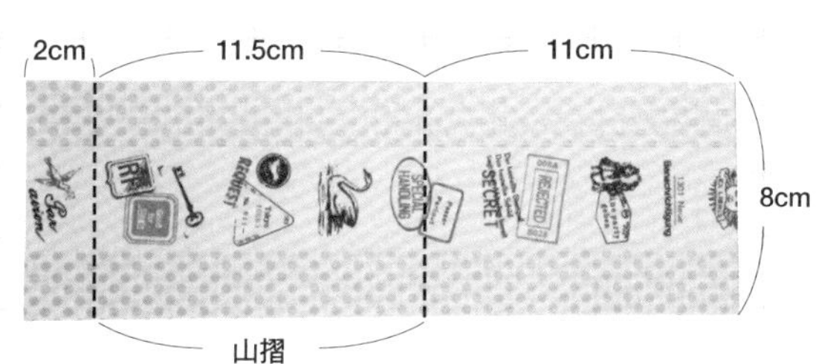

把裝飾膠帶做成像貼紙那樣，你就擁有外面買不到的貼紙了！

Level ★★★★★

裝飾膠帶有好多流行又可愛的花樣！
活用這種裝飾膠帶，
就能做出可以運用在各種場合的貼紙喔！
貼在手帳上、封住信封…
還有很多不同的用法。

A 裝飾膠帶
15㎜寬：十字・淺藍、
磁磚・粉紅、十字・洋紅
B 橢圓形貼紙（無花紋）
C 美工刀、裁切墊

A

B

也可以只在其中一半貼裝飾膠帶，另一半則寫上留言，然後像便利貼那樣使用。五彩繽紛的貼紙一定會大受矚目。

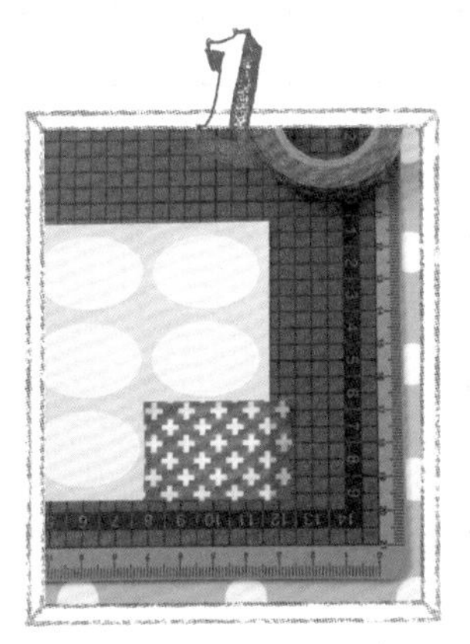

1 在貼紙上橫向貼上2條裝飾膠帶。

2 用刀子沿著貼紙的輪廓輕輕刻劃，然後把貼紙周圍的裝飾膠帶剝除。

3 如果要只在貼紙的半邊貼裝飾膠帶，就貼成縱向的，然後再用刀子刻劃。

Check!
要選適合當貼紙的裝飾膠帶
插畫風的裝飾膠帶最適合做成貼紙了！除此之外，圓點、斜條紋，還有顏色較深的裝飾膠帶也可以做出很可愛的貼紙。

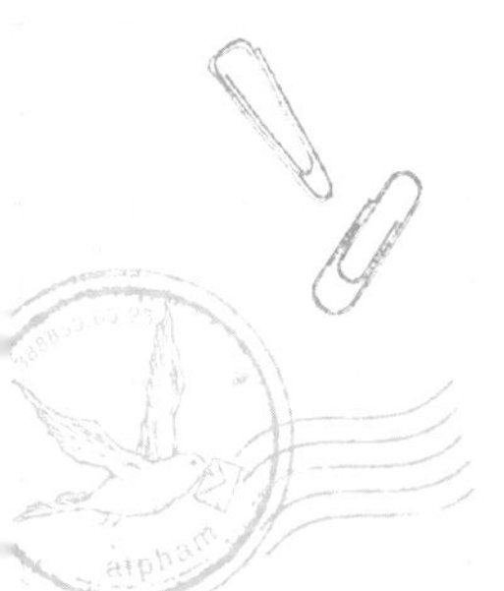

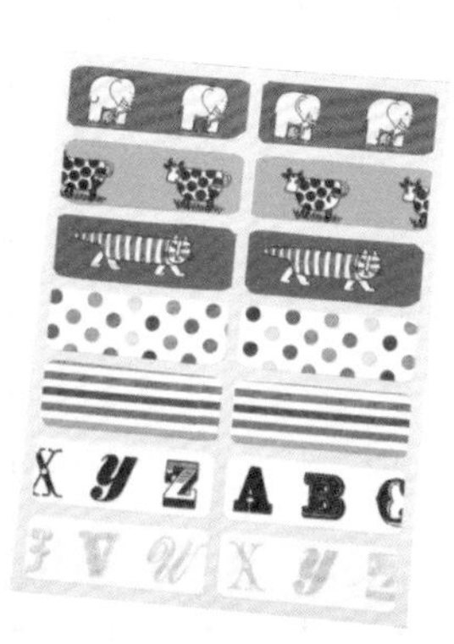

小小的迴紋針
也可以利用裝飾膠帶漂亮登場♪

把常用的迴紋針重新打扮成可愛的模樣！
只要用2條窄版的裝飾膠帶
貼成像兔耳朵那樣的V字形就可以了。
夾在筆記本裡就變成很棒的書籤。

A 裝飾膠帶
6㎜寬：deco E（綠色系）
B 迴紋針
C 剪刀

只要用裝飾膠帶重新打扮一下，樸素的迴紋針也能達到很好的提示效果。多做幾個放在盒子或瓶子裡備用吧

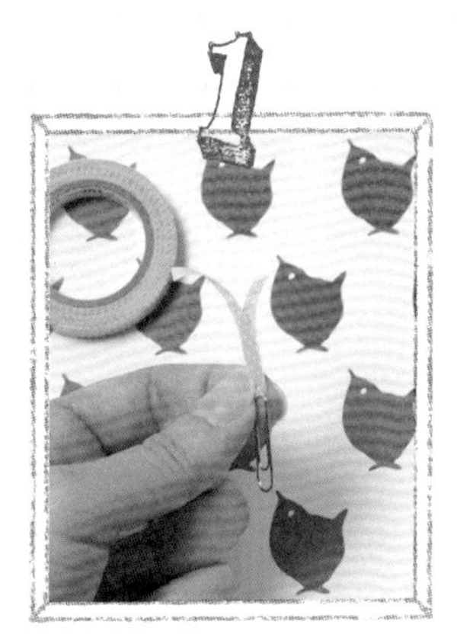

把裝飾膠帶剪成適當的長度，穿過迴紋針。摺成一半並相互貼合。

依相同方法再穿入1條並對摺貼合。調整位置變成V字形。

把末端剪成斜斜的並使2條一樣長。

Chapter1 常備用品

Check!

大的迴紋針就用寬版的裝飾膠帶

迴紋針有各種不同的大小。大型迴紋針建議使用寬版的裝飾膠帶。也可以把末端剪成鋸齒狀。稍微變化一下就會很有趣喔！

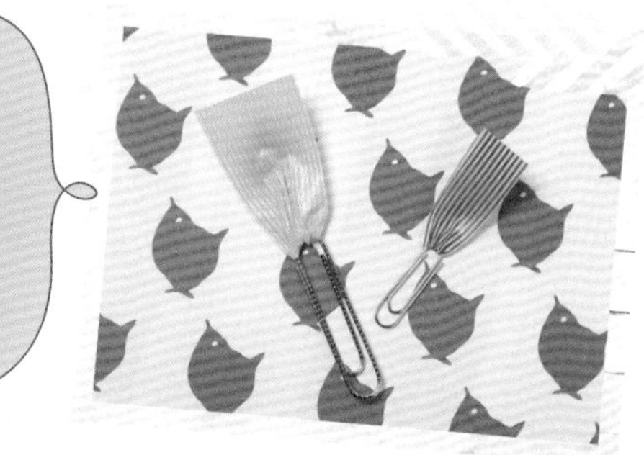

長尾夾和圓孔夾
也可以利用裝飾膠帶可愛變身！

Level ★★★★★

基本款的銀色長尾夾和圓孔夾
只要貼上可愛的裝飾膠帶，
就能立刻變身成讓人眼睛一亮的款式。
肯定會讓你的桌面熱鬧非凡。

材料及用具

A 裝飾膠帶
15㎜寬：補釘・H、十字・洋紅
B 長尾夾、圓孔夾
C 剪刀

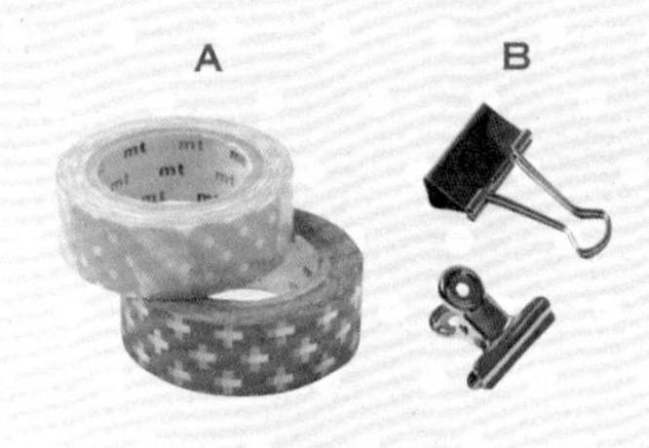

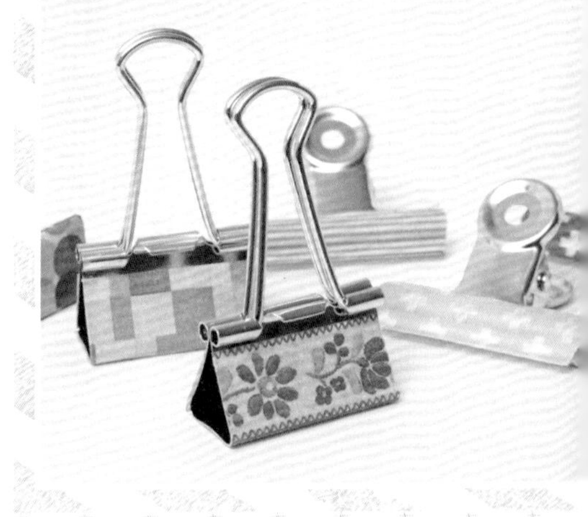

除了有花樣的裝飾膠帶，也可以貼上素面的裝飾膠帶並畫上插圖或寫字，都會很漂亮喔！

1 長尾夾

在底的部分貼上裝飾膠帶，沿著末端用剪刀剪斷。

2

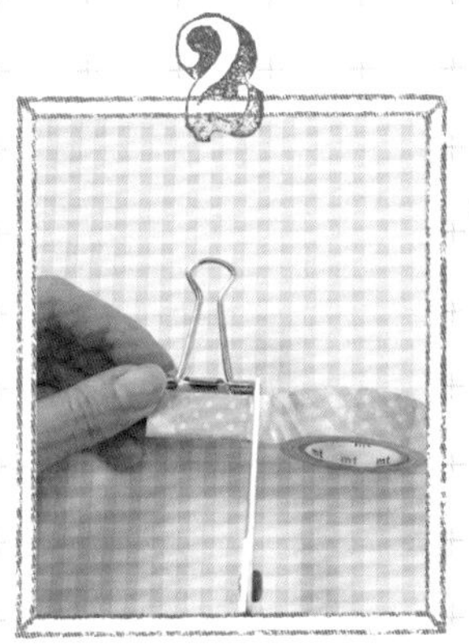

兩邊的側面也貼上裝飾膠帶，沿著末端用剪刀剪斷。

1 圓孔夾

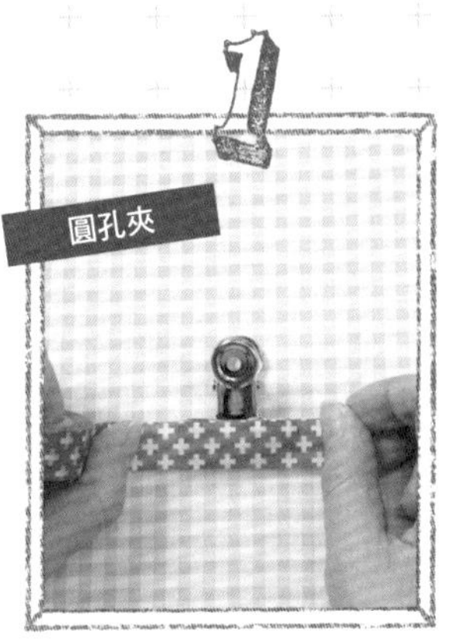

在圓孔夾的下部貼裝飾膠帶。沿著末端用剪刀剪斷。裡側也一樣要貼。

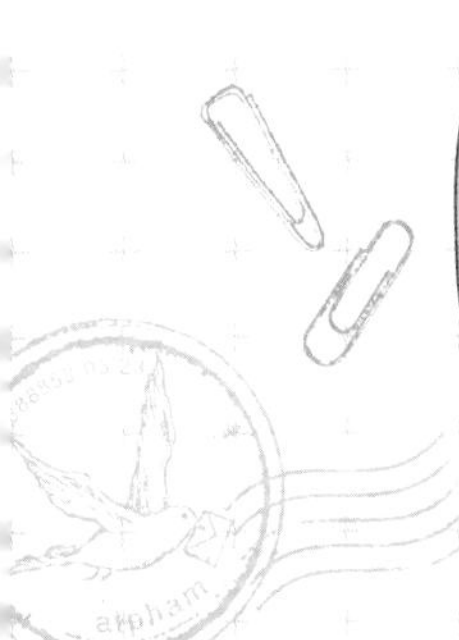

Check!

「貼得精確一點」，成品看起來就會很精緻！

貼長尾夾時要盡量讓裝飾膠帶間的銜接線不醒目，這樣貼好的長尾夾看起來就會像既成品一樣精緻漂亮。

在剪刀的刃部貼裝飾膠帶，讓可愛度一飛沖天

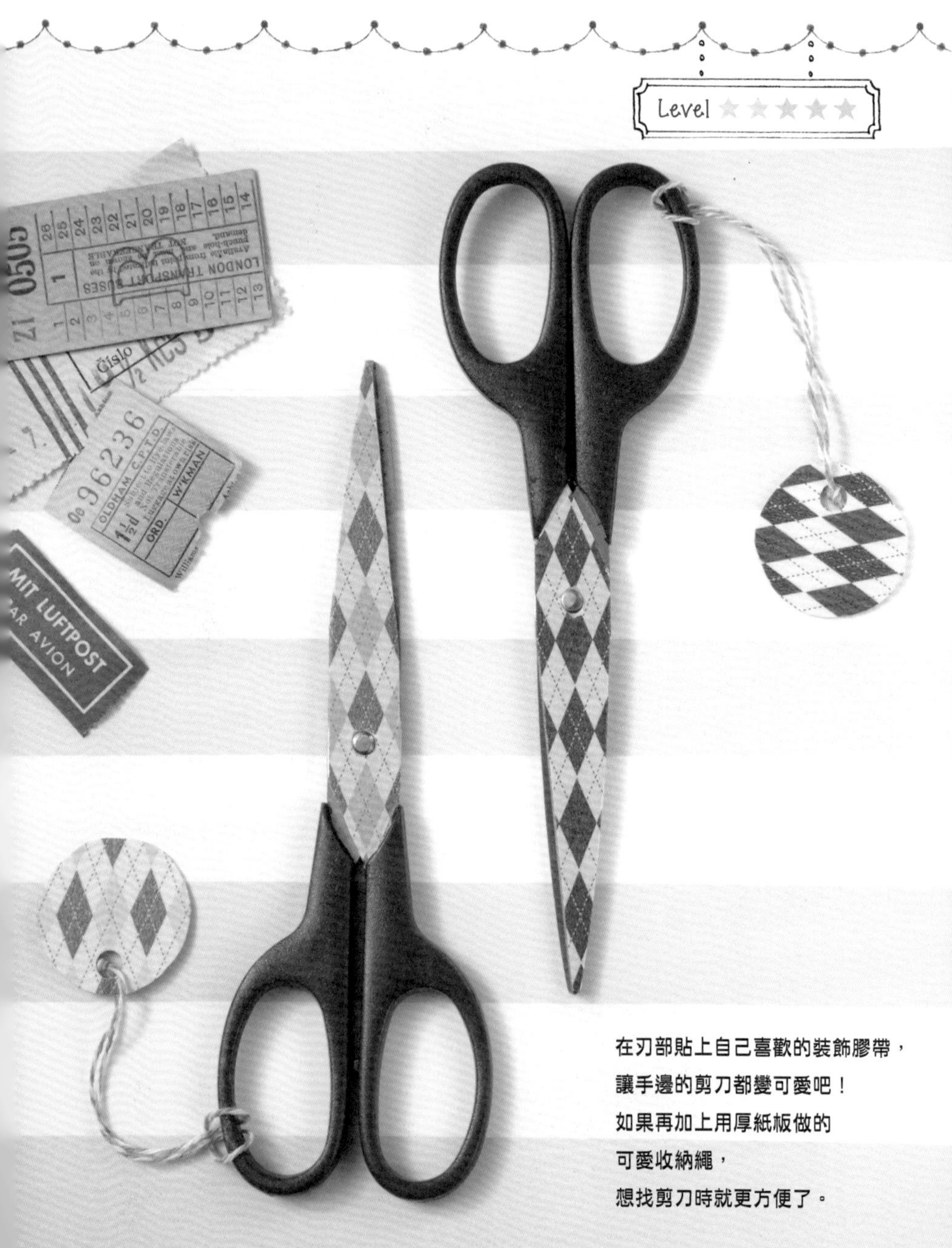

在刃部貼上自己喜歡的裝飾膠帶，
讓手邊的剪刀都變可愛吧！
如果再加上用厚紙板做的
可愛收納繩，
想找剪刀時就更方便了。

A 裝飾膠帶
15㎜寬：多色菱紋・紅
B 剪刀
C 厚紙板
D 裝飾線（粉紅）
E 美工刀、裁切墊、
剪刀、圓規、雙孔打孔器

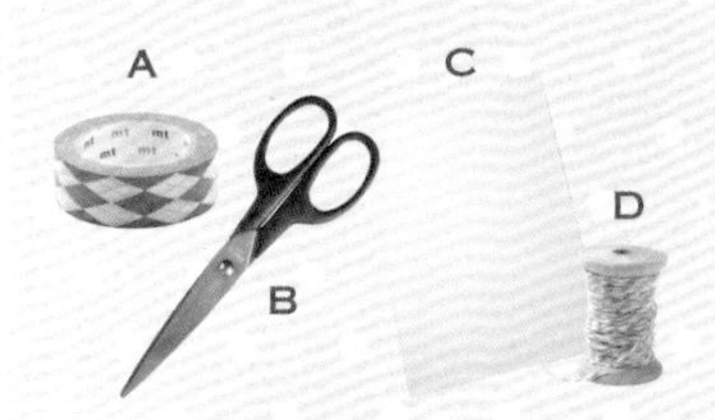

裝飾膠帶只要貼在刃部上方平坦的部分即可。
連下面也貼的話，就會不好剪了。

把裝飾膠帶縱向貼在剪刀的刃部上，沿著刃部的形狀用刀子切好。此時請注意不要被剪刀的刃部割傷了手。裡側也一樣要貼。

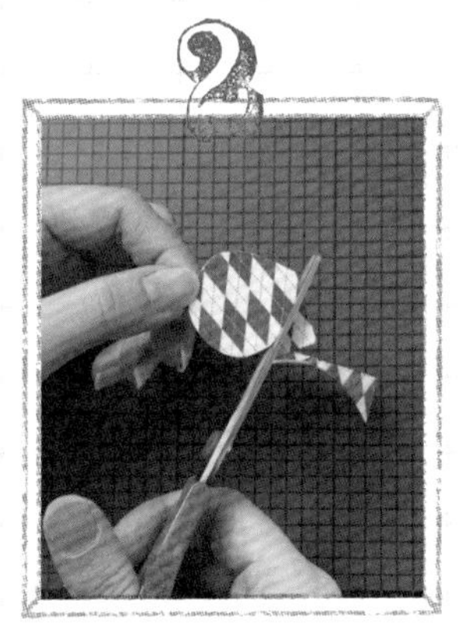

用圓規畫一個3㎝的圓並在上面貼裝飾膠帶。沿著邊線用剪刀剪下來。

用打孔器在2做的圓板上打孔。把裝飾線穿過孔後綁在剪刀的柄部。

Chapter1 常備用品

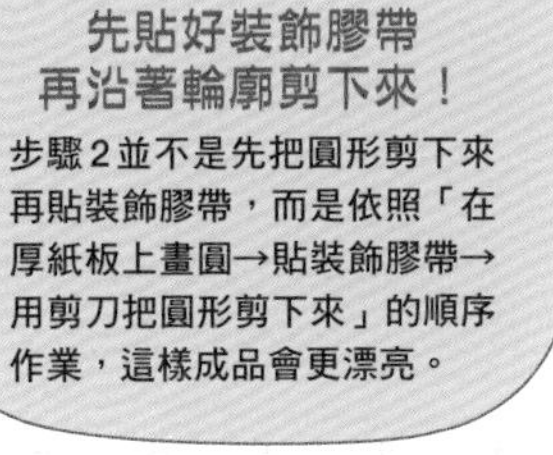

Check!

先貼好裝飾膠帶
再沿著輪廓剪下來！

步驟2並不是先把圓形剪下來再貼裝飾膠帶，而是依照「在厚紙板上畫圓→貼裝飾膠帶→用剪刀把圓形剪下來」的順序作業，這樣成品會更漂亮。

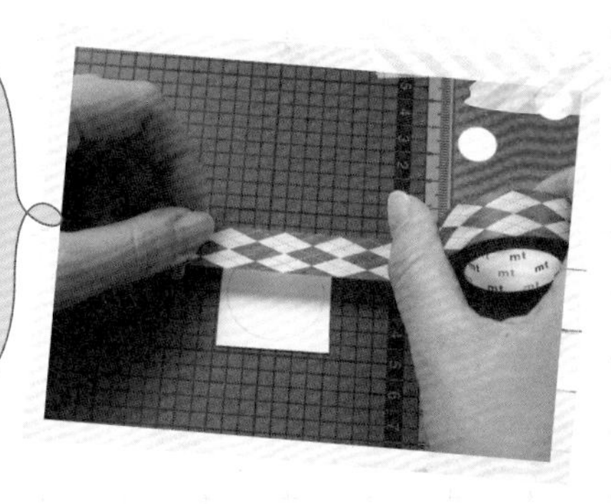

用途超多的塑膠拉鍊袋 更要講究裝飾膠帶的花樣搭配！

Level ★★★★★

大型拉鍊袋可以收納
常備用品、隨身鏡、
美妝小物等，用途超多。
讓我們用各種花樣的裝飾膠帶
為拉鍊袋穿上時尚的衣裝吧！

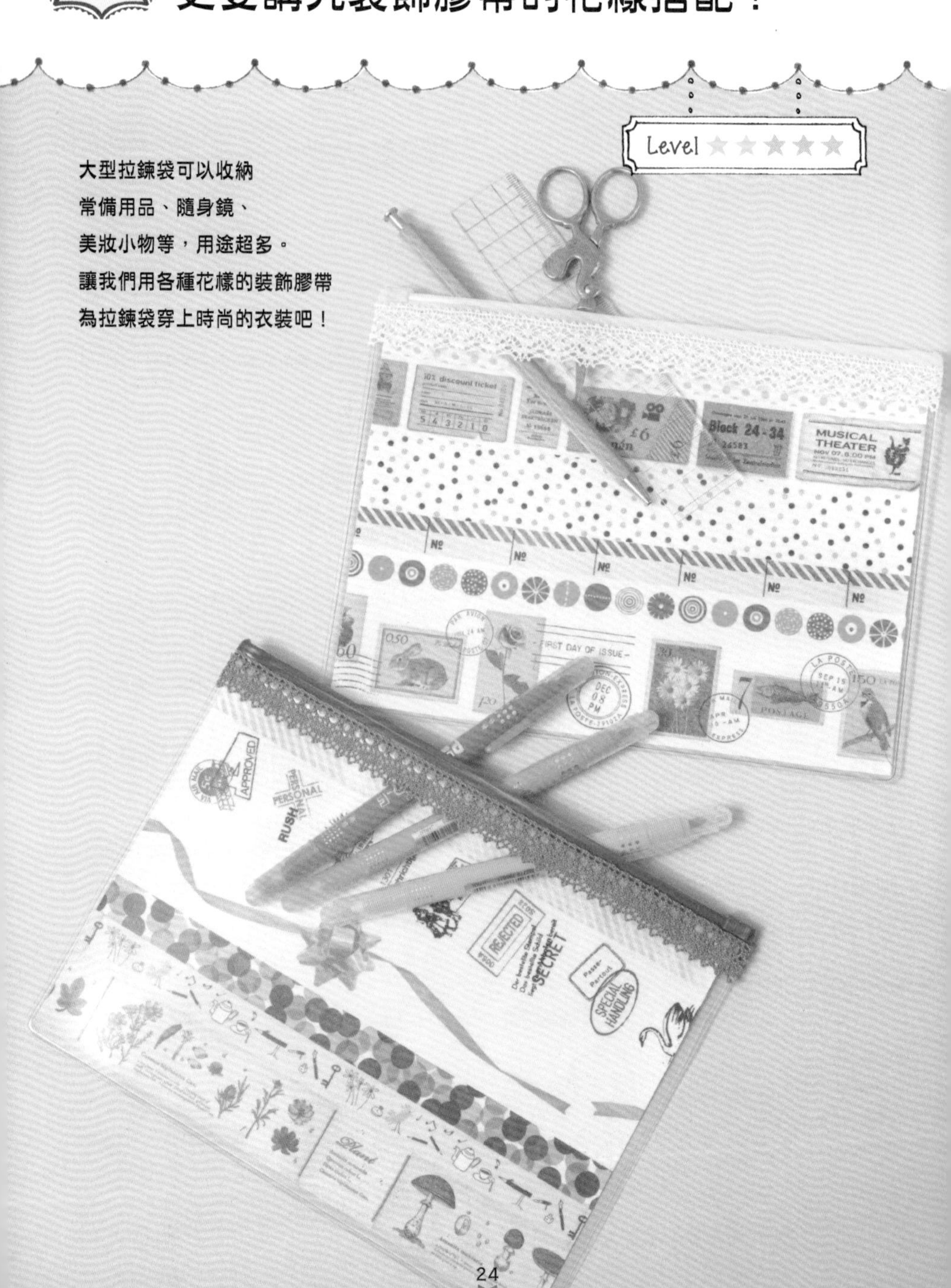

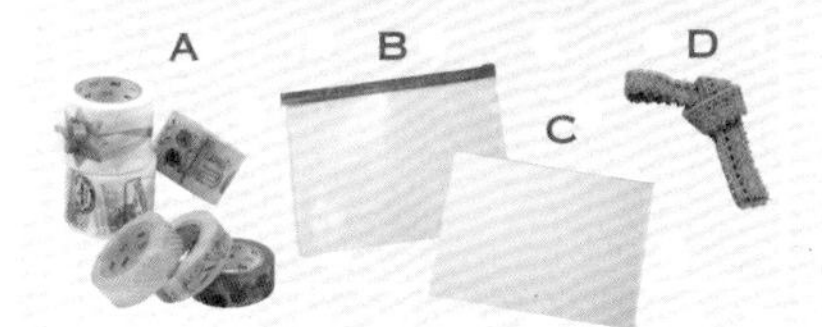

A 裝飾膠帶
35㎜寬：印章、緞帶・金R
30㎜寬：圖鑑・植物
15㎜寬：斜條紋・銀、
Bird Pencil、聚光燈・紅酒
B 塑膠拉鍊袋（B6尺寸）
C 影印紙（A4尺寸）
D 蕾絲（苔綠色）
E 美工刀、裁切墊、
剪刀、尺、雙面膠帶

把影印紙當做底紙，選花樣和寬度都是自己喜歡的裝飾膠帶逐步貼上去。用雙面膠帶在上部貼上蕾絲。

把A4尺寸的影印紙切成一半。只要用1張。

在影印紙上貼裝飾膠帶。請視寬度、顏色、花樣的平衡感來選擇裝飾膠帶。

把貼好裝飾膠帶的影印紙，放進塑膠拉鍊袋中。沿著開口的下緣貼上蕾絲。

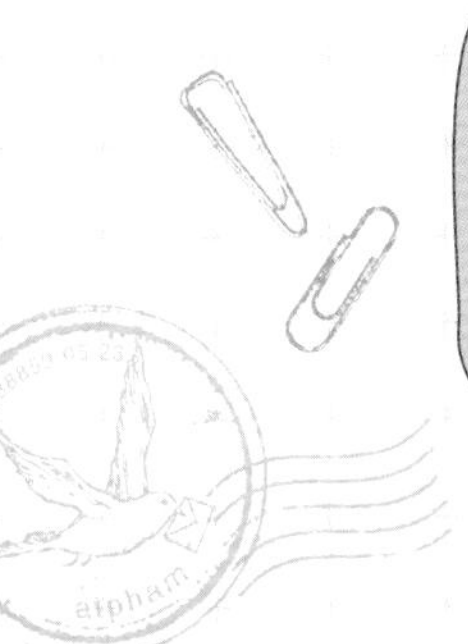

Check!

貼蕾絲的好幫手！

要貼蕾絲或緞帶等筆直且柔軟的材料時，用雙面膠帶會輕鬆很多。步驟3就是先在蕾絲上貼雙面膠帶，然後再整個貼在塑膠拉鍊袋上。

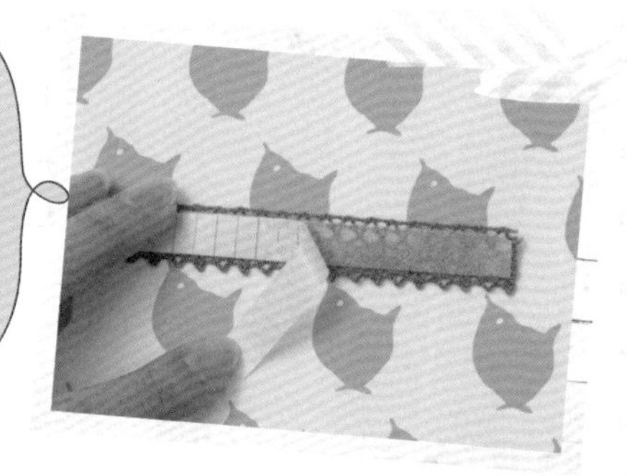

用裝飾膠帶把透明資料夾變成充滿甜美女人味的法國風流行設計

只要用裝飾膠帶就可以

輕鬆製作法國流行風的可愛透明資料夾喔♡

貼上裝飾框，再加上標題，連實用性也大幅UP了。

再用票券圖案的裝飾膠帶稍微點綴一下。

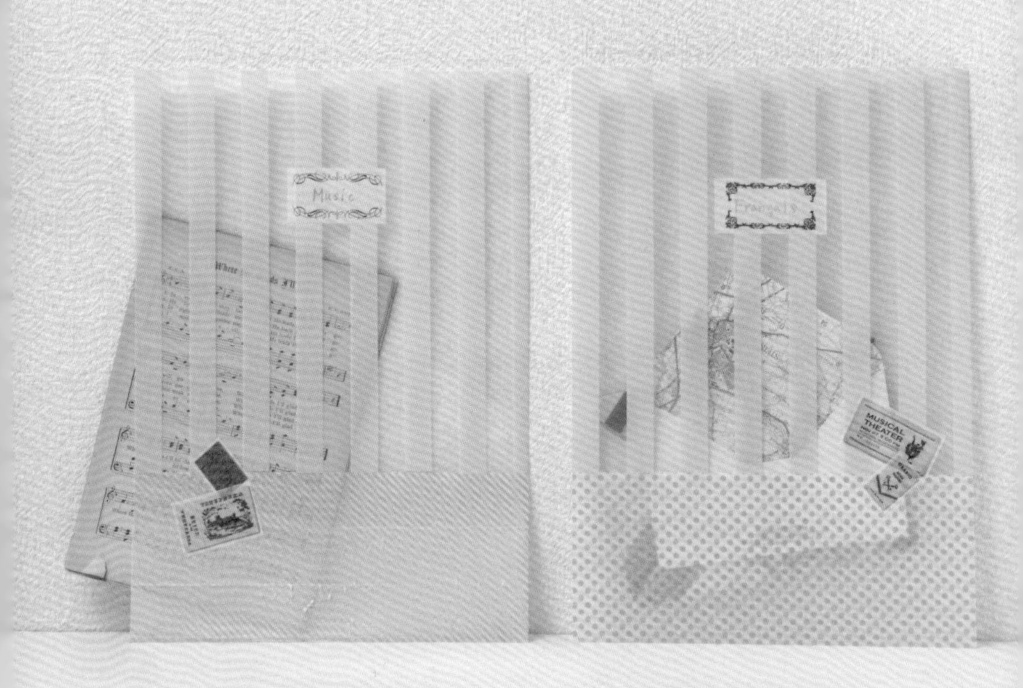

材料及用具

A 裝飾膠帶
30㎜寬：斜條紋・銀、
票券、裝飾框・黑R
15㎜寬：嬰兒藍
B 透明資料夾
C 美工刀、裁切墊

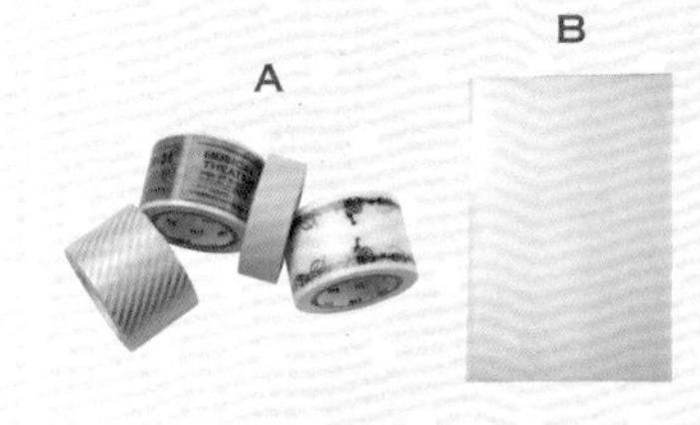

在透明資料夾的上層表面貼裝飾膠帶。有留下透明的部分，所以看得見放進裡頭的資料，很方便。

在透明資料夾的下部橫向貼3道斜條紋的裝飾膠帶。

在透明資料夾的餘白部分縱向貼上15㎜寬的裝飾膠帶。裝飾膠帶之間要保留1.5㎝寬的間隔。

從裝飾框圖案的膠帶上剪下一框份的長度貼在上部。從票券圖案的膠帶上剪下2片票券，重疊貼在下部。

Check!
利用裁切墊上的格線就會很方便！

想筆直貼上裝飾膠帶時，可以借助裁切墊上的格線。只要把格線當成導引線，就能輕鬆取等間隔貼上膠帶了。

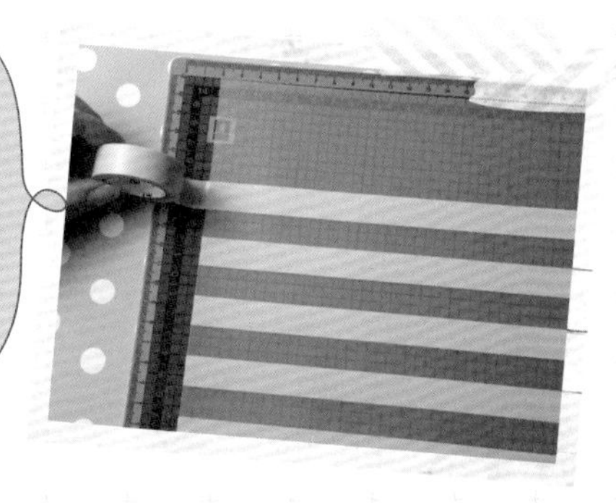

Point 11

用2款裝飾膠帶就讓文件夾板立即漂亮變身

Level ★★★★★

選2款自己喜歡的裝飾膠帶，
把文件夾板塑造成自己的風格。
"單靠貼"上裝飾膠帶的技巧，
就能讓平淡的素面文件夾板瞬間變萌！

材料及用具

A 裝飾膠帶
15㎜寬：雞蛋、水滴・黃
B 文件夾板
C 美工刀

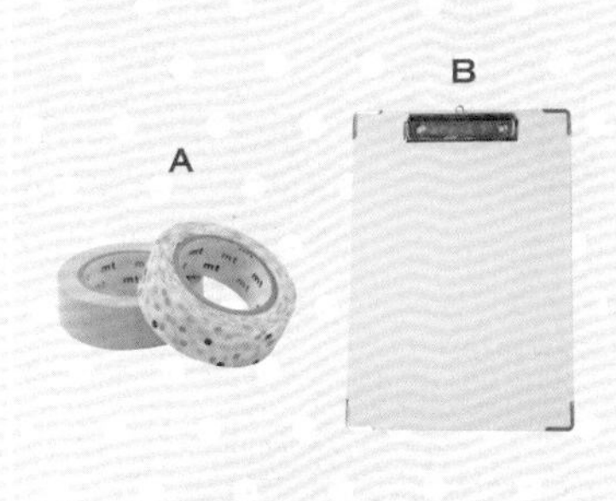

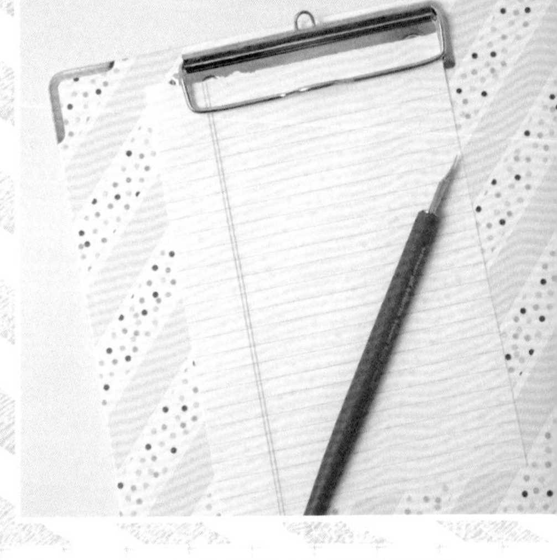

用裝飾膠帶重新打扮後的文件夾板除了可以當寫文件時的墊板，也可以用來裝飾屋內的牆壁或櫥櫃等。

先在文件夾板上貼上沒有花樣的裝飾膠帶。膠帶之間要保留2㎝寬的間隔。

用美工刀沿著角落的金具部分切除多餘的裝飾膠帶。

在沒有花樣的裝飾膠帶之間以等間隔貼上有花樣的裝飾膠帶。

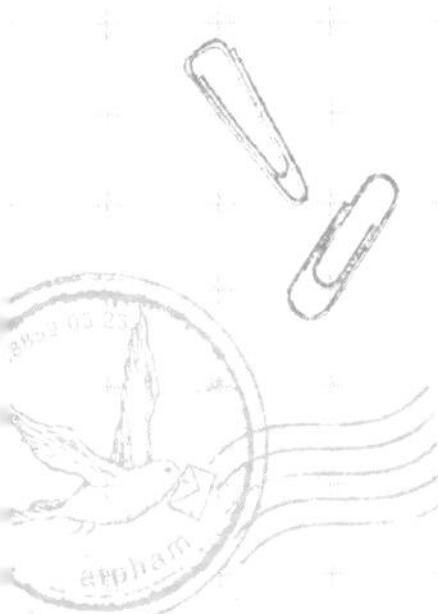

Check!

藉由裝飾膠帶的選擇來展現個性！

要選2款裝飾膠帶時，如果選擇同色系的，整體感就會很好，如果選擇氣氛截然不同的，就會給人充滿活力的感覺。

只要筆直貼上裝飾膠帶就OK了！橫條紋的文件收納盒

海軍條紋風的清爽文件收納盒
只要把沒有花樣的裝飾膠帶
以等間隔貼上就完成了，超簡單。
也可以貼上裝飾框圖案的膠帶做點綴。
趕快用自己喜歡的顏色貼貼看吧！

材料及用具

- A 裝飾膠帶
 30㎜寬：裝飾框・黑R
 15㎜寬：水藍
- B 文件收納盒
- C 裁切墊、剪刀、
 尺、筆

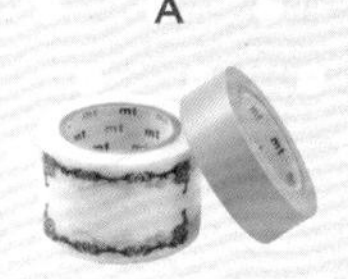

文件收納盒的斜角部分要沿著斜線把裝飾膠帶切齊。條紋的數量則是隨自己高興。

從文件收納盒的下部開始橫向貼上15㎜寬的裝飾膠帶。裝飾膠帶之間的間隔是2㎝。

從裝飾框圖案的膠帶上切取一個框的長度並用筆寫上標題。

把裝飾框貼在文件收納盒的上部。

Check!

印有格線的尺
可以幫忙確認間隔

想在文件收納盒上以等間隔貼上裝飾膠帶時，只要擺上印有格線的尺來確認間隔，就可以輕鬆地貼囉！

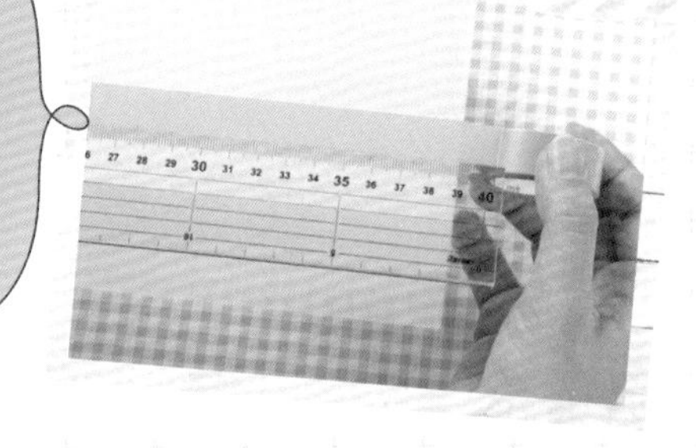

POLSKA 10GR

BELGIQUE
BELGIE

$1.20
香港
HONG KONG

POCZTA POLSKA
55 gr.

2 zł
POLSKA

Orzeł Biały 1919
Polska 3500 zł

POLSKA 2,10 zł
Kraków

POLSKA
Dwór w Czarnolesie

POLSKA
zł 1000

ÉIRE

5 zł
POLSKA

POLSKA 1,30 zł
Poznań

1,55 zł
POLSKA

POLSKA 2,50 zł

ALGERIE

Australia 27c
ULYSSES

Australia 27c

RSA 4c

50
DEUTSCHE BUNDESPOST

POCZTA POLSKA
5

請自行放大或縮小使用。

Chapter 2

紙雜貨

小禮物、派對用品、

陪你共渡生日、節慶的卡片等…

有效活用裝飾膠帶，

你也能輕鬆做出超適合送禮的紙雜貨。

我似乎愈來愈愛用七彩繽紛的

可愛裝飾膠帶特製的雜貨了。

Point 13 用窄版和寬版的無印花裝飾膠帶讓信封繽紛起來

活用三角形的蓋子做一個
能讓人聯想到馬戲團帳篷的彩色信封。
只要以鮮艷的配色貼上窄版的裝飾膠帶即可，
完全不需要什麼困難的技巧，超級輕鬆。

材料及用具

A 裝飾膠帶
15㎜寬：向日葵、玫瑰粉紅、
鮭魚粉紅、雞蛋、嬰兒藍
7㎜寬：和15㎜寬一樣
B 信封
C 美工刀、裁切墊、
剪刀、筆

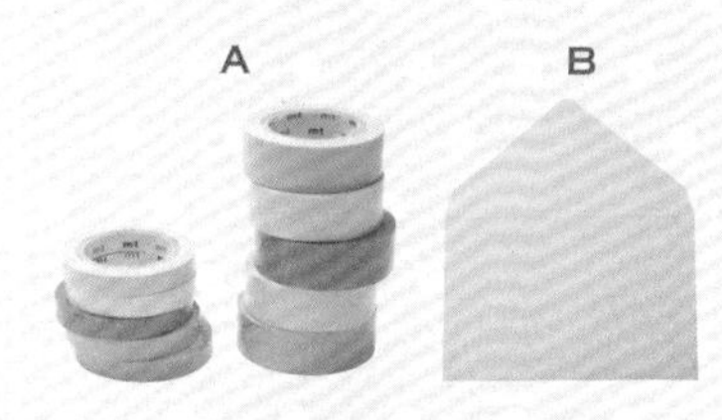

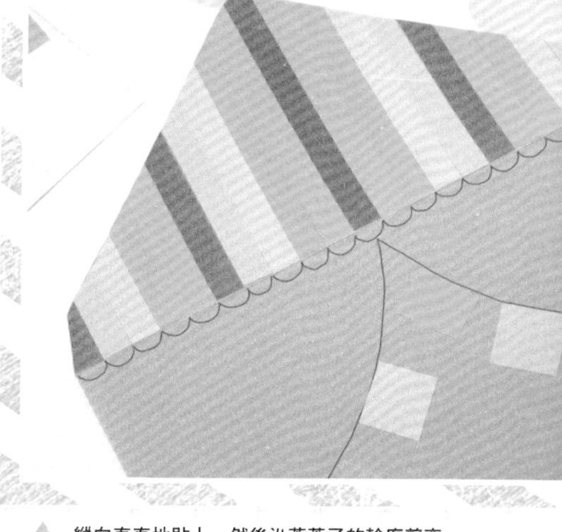

縱向直直地貼上，然後沿著蓋子的輪廓剪齊。
寬版的裝飾膠帶就剪成四角形當做旗子。

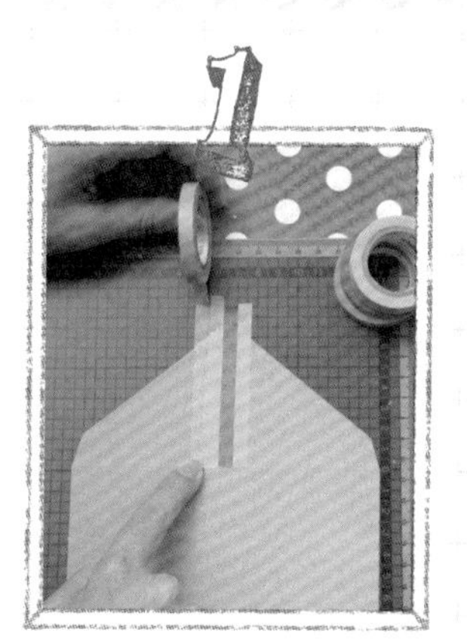

把7㎜寬的裝飾膠帶縱向貼在信封的蓋子上。從中央往左右1條1條地貼成漸層色。

用筆畫上帳篷的屋簷和旗幟的繩子。

把15㎜寬的裝飾膠帶剪成四角形，沿著剛才畫的線貼成旗幟的樣子。

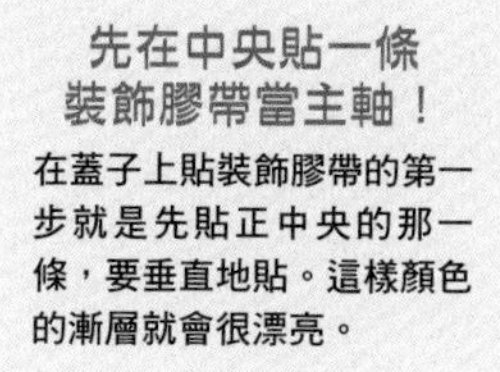

Check!
**先在中央貼一條
裝飾膠帶當主軸！**
在蓋子上貼裝飾膠帶的第一步就是先貼正中央的那一條，要垂直地貼。這樣顏色的漸層就會很漂亮。

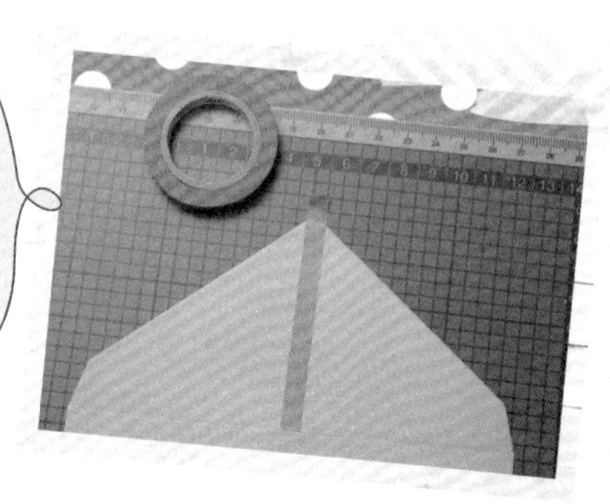

Point 14 用裝飾膠帶做時尚彩繪，讓信封襯紙一舉提升可愛感！

在信封內放一張能夠展現個性的襯紙。
活用裝飾膠帶千變萬化的花樣設計，
為自己訂做獨樹一格的信封吧！
多做幾個備用也很棒喔！

材料及用具

- A 裝飾膠帶
 30mm寬：圓點・金
- B 信封
- C 影印紙（A4尺寸）
- D 美工刀、裁切墊、剪刀、尺

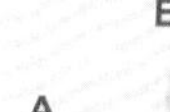

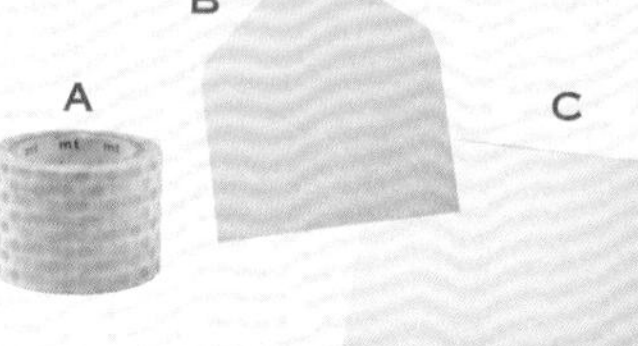

不論是簡單的斜條紋和圓點花樣，還是複雜的特殊花樣，全都很可愛。請選擇寬版的裝飾膠帶。

把影印紙剪成一半。在剪好的其中1片上貼滿裝飾膠帶。

把貼好裝飾膠帶的紙翻到裡側，使信封的下部與紙對齊擺好。沿著蓋子的輪廓用筆描畫。

沿著剛才畫的線剪好。把紙的下部剪掉1cm寬，放進信封中。

Check!

貼裝飾膠帶時要使花樣對齊

圓點、條紋等有印花的裝飾膠帶貼的時候要使印花確實對齊，這樣貼好之後整體看起來才會漂亮。

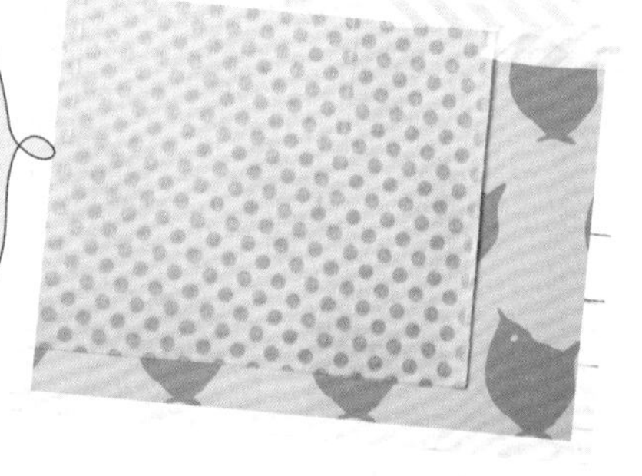

用裝飾膠帶輕鬆製作能讓禮品看起來更精緻的禮物標籤！

Level ★★★★★

用描圖紙做的禮物標籤既溫馨又可愛，
用於生日或派對絕對超有feel。
讓人聯想到禮簽的時尚設計再加上留言，
對方看了一定會很開心♡

A 裝飾膠帶
30㎜寬：水滴・薰衣草
B 圖畫紙（白）
C 描圖紙
D 裝飾線（青）
E 圓形貼紙
F 美工刀、裁切墊、剪刀、尺、雙孔打孔器、筆

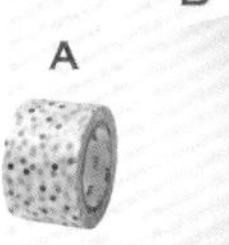

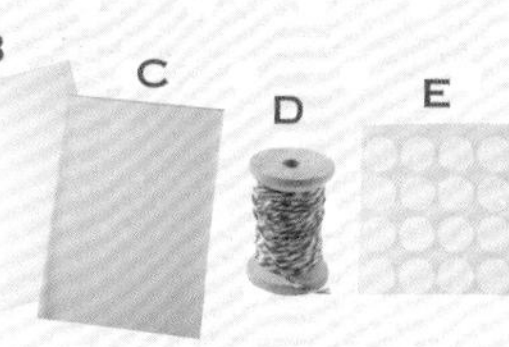

留言用手寫當然最好，不過蓋章也OK。讓裝飾膠帶的花樣透過描圖紙朦朧地呈現出來，感覺就會很棒。

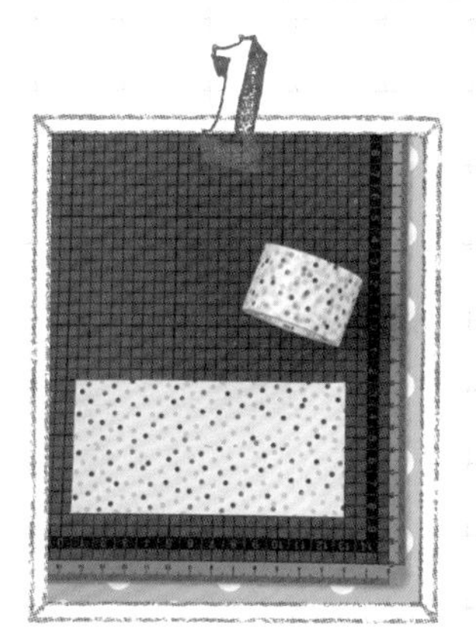

把圖畫紙裁剪成6㎝×12.5㎝的大小。在圖畫紙上貼裝飾膠帶。

把圖畫紙的右端2㎝摺起來。把描圖紙剪成6㎝×10.5㎝的大小，寫上留言，夾在圖畫紙的反摺處。

在圖畫紙的反摺處貼圓形貼紙，用打孔器打孔。穿入裝飾繩並打結。

Check!

圓形貼紙在很多場合都超好用！

圓形貼紙在想營造禮箋氣氛時是超好用的材料。它可以補強打孔的部分，所以要穿繩子或緞帶等時就可以先貼。

Point 16 屋頂的膠帶花樣好美啊！小巧可愛的房屋造型禮物標籤

可輕鬆在贈禮時附上貼心短語的
超可愛房屋造型禮物標籤。
只要在屋頂部分
貼上自己喜歡的裝飾膠帶，
就完成這個手作的繽紛小標籤囉！

材料及用具

- A 裝飾膠帶
 15mm寬：彩色・橫條紋
- B 圖畫紙（白、灰）
- C 裝飾線（粉紅）
- D 美工刀、裁切墊、尺、
 雙孔打孔器、筆

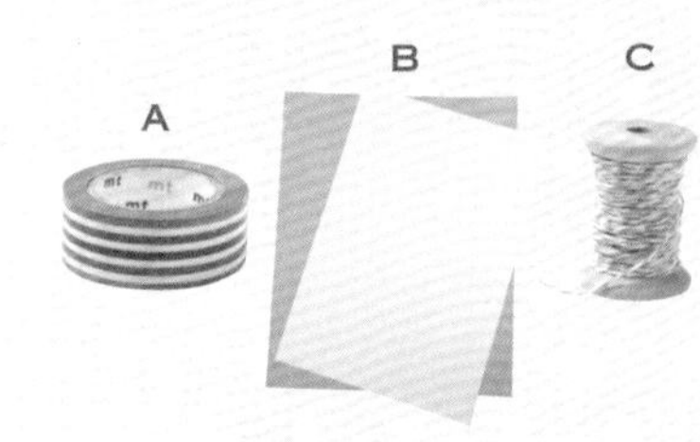

屋頂的形狀可以是三角形、是梯形，也可以是有點斜斜的尖塔形…試著做做看各式各樣的房屋吧！

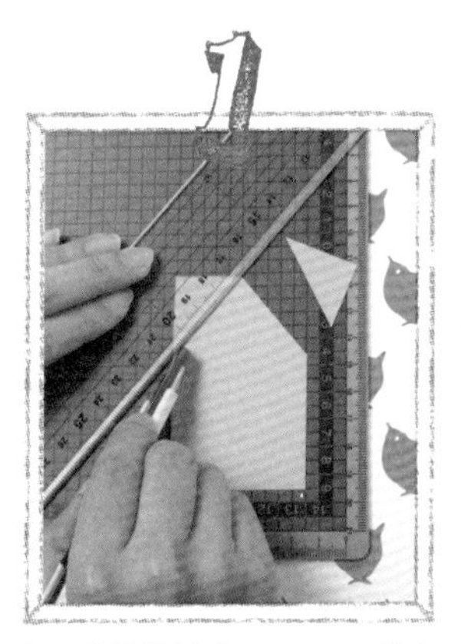

把圖畫紙裁剪成8㎝×5㎝的大小。把上部剪成斜斜的，就像屋頂的形狀。

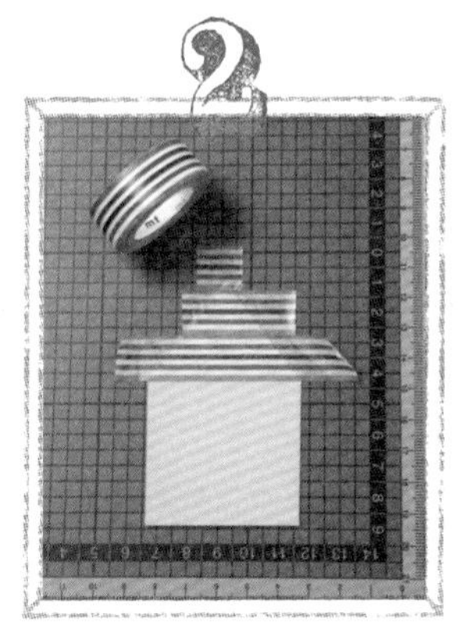

在屋頂的部分貼裝飾膠帶，沿著紙的輪廓用美工刀切齊。

用打孔器在屋頂的末端打個孔，穿入裝飾繩並打結。在沒有貼裝飾膠帶的部分寫上留言。

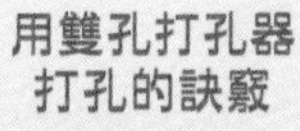

Check!

用雙孔打孔器打孔的訣竅

在用打孔器打孔之前，請先用筆在預定的位置做記號，接著把打孔器翻到裡側，透過孔找到記號，然後按下去，這樣就能打在正確的位置上了。

用裝飾膠帶製作各種場合皆適用的對摺式禮物卡

這款精巧版的手作禮物卡
是在卡片的表面把裝飾膠帶貼成四角形，
就像封面一樣，
摺成一半就剛好變成正方形。
留言是寫在卡片的內側。

材料及用具

A 裝飾膠帶
15mm寬：多色菱紋・紅
7mm寬：嬰兒藍
B 圖畫紙（白）
C 裝飾線（青）
D 美工刀、裁切墊、
剪刀尺、筆

選擇的膠帶花樣不同，卡片的氣氛就會不同。
也可以貼一張窄版的裝飾膠帶來寫標題。

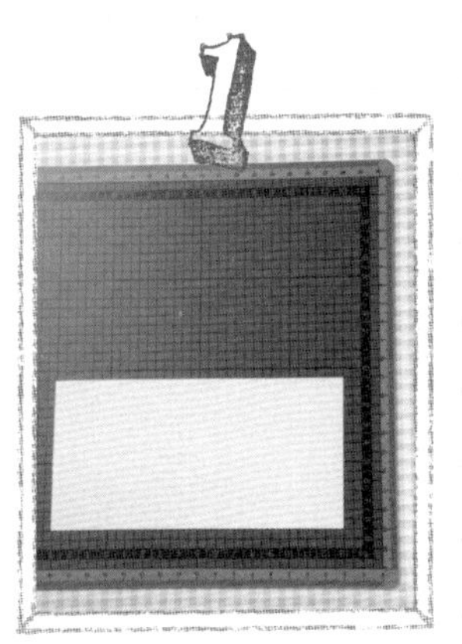

把圖畫紙裁剪成8cm×16cm的大小。在長度的一半壓出摺痕。

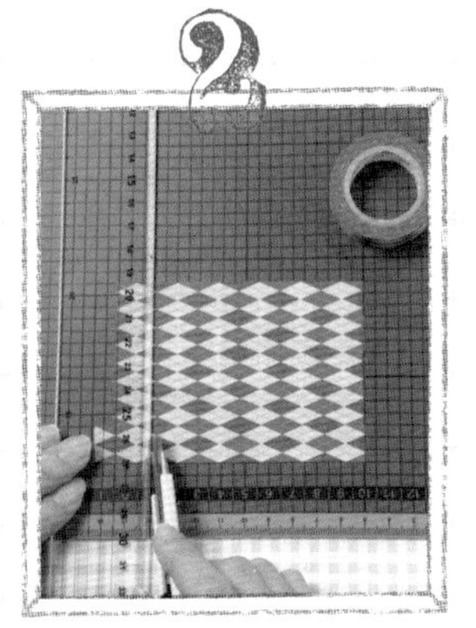

在裁切墊上併排貼上15mm寬的裝飾膠帶。用美工刀切下7cm×7cm的大小。

把切下來的裝飾膠帶貼在對摺好的圖畫紙表面。貼上7mm寬的裝飾膠帶並寫上標題。在對摺處夾入裝飾線並打結。

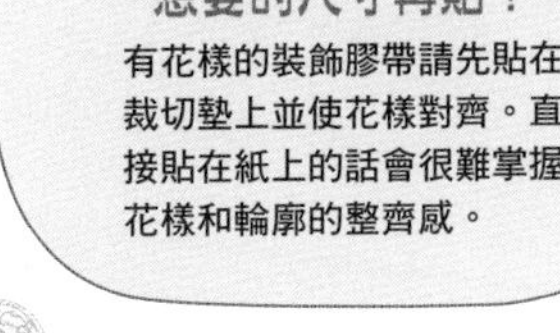

Check!

在裁切墊上割下想要的尺寸再貼！

有花樣的裝飾膠帶請先貼在裁切墊上並使花樣對齊。直接貼在紙上的話會很難掌握花樣和輪廓的整齊感。

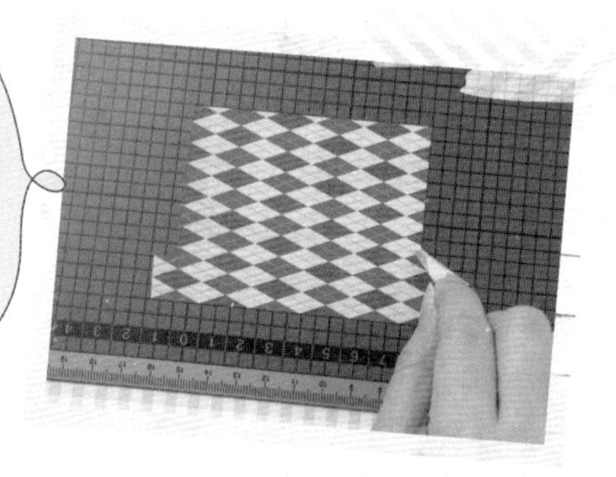

Point 18

活用裝飾膠帶製作 可以從花瓶裡拿出鮮花的留言卡

在畫好花瓶圖案的OPP袋中
插入一張貼了玫瑰或鬱金香膠帶的卡片，
充滿春天氣息的留言卡就完成了。
獨特的設計讓你在抽出卡片時
就好像從花瓶裡取出花朵似地♡

材料及用具

A 裝飾膠帶
30㎜寬：花R、蝴蝶
B 圖畫紙（白）
C OPP袋（B8尺寸）
D 緞面緞帶（紅）
E 美工刀、裁切墊、剪刀、尺、雙孔打孔器、油性筆

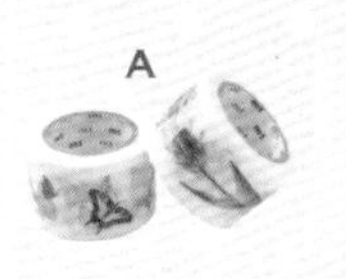

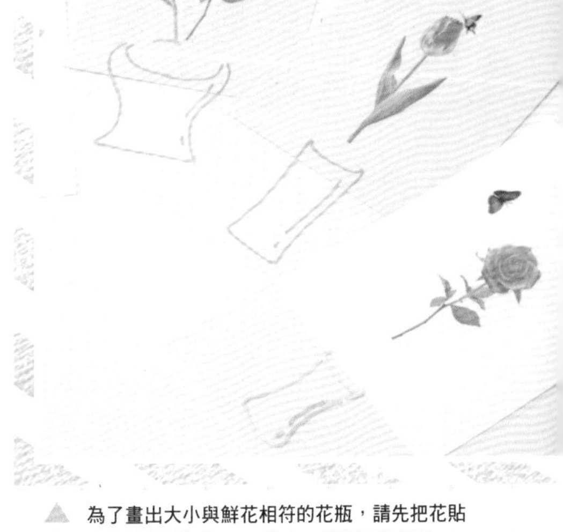

為了畫出大小與鮮花相符的花瓶，請先把花貼在卡片上並插入OPP袋中，然後再畫花瓶。

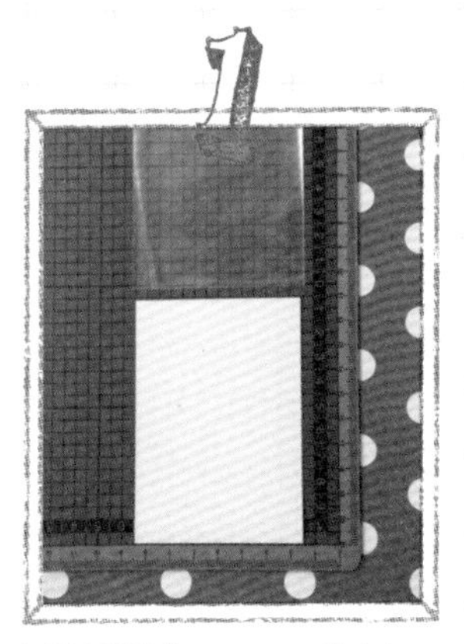

把圖畫紙裁成10㎝×7㎝的大小。

從花朵圖案的裝飾膠帶上把花朵割下來，貼在圖畫紙上。從蝴蝶圖案的裝飾膠帶上把蝴蝶割下來，貼在圖畫紙上。

把圖畫紙插入OPP袋中。用油性筆在OPP袋上畫花瓶。用打孔器在圖畫紙上打孔，穿入緞面緞帶並打結。

Chapter2 紙雜貨

Check!

也可以在花瓶的形狀上做變化

把花瓶畫好的訣竅就是先把圖畫紙插入OPP袋中，然後在花的上面畫。可以嘗試圓筒形、四角形、壺形等各式各樣的花瓶喔！

Point 19 水果造型真可愛！用裝飾膠帶點綴的手作卡片☆

想聊表問候、感謝等的小心意
或是在贈禮時寄上片語，
這種造型超卡哇伊的小卡片
應該會是不錯的選擇。
西洋梨、蘋果造型的可愛輪廓
加上裝飾膠帶的熱鬧感
是不是也讓你著迷了呢？

材料及用具

A 裝飾膠帶
15㎜寬：斜條紋・粉紅、磁磚・粉紅、嫩芽、Flower red R、可可
B 圖畫紙（白）
C 美工刀、裁切墊

卡片的其中一半要空下來寫留言，另一半則用裝飾膠帶打扮一下。

複印第92頁的圖案，把圖畫紙裁剪成蘋果的形狀。

在蘋果的左半部縱向貼3條有花樣的裝飾膠帶。

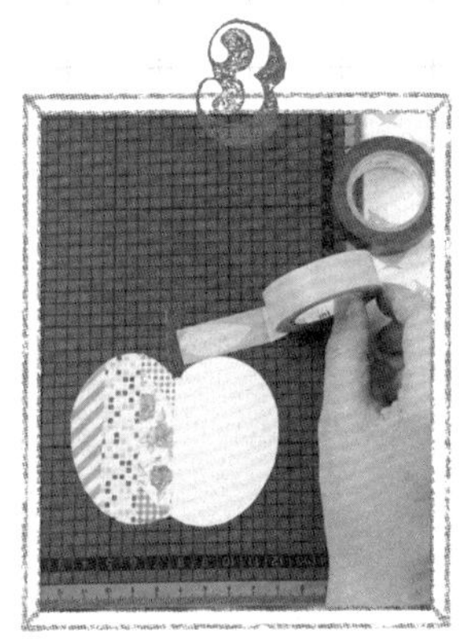

用刀子沿著蘋果的輪廓切除多餘的裝飾膠帶。莖和葉也要貼上無印花的裝飾膠帶並同樣沿著輪廓切齊。

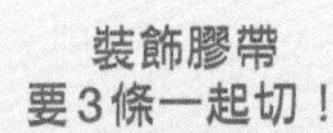

裝飾膠帶
要3條一起切！
貼在蘋果左半邊的裝飾膠帶要3條都貼好之後，一次用美工刀沿著輪廓切除多餘部分，這樣形狀才會漂亮。

Point 20

裝飾膠帶圖案好吸睛！附書籤繩的書套

用1張A4尺寸的紙
就能輕鬆製作的文庫本規格書套。
只要橫向併排貼上裝飾膠帶，
就能營造出很好的設計感。
你要不要也用自己喜歡的裝飾膠帶做做看呢？

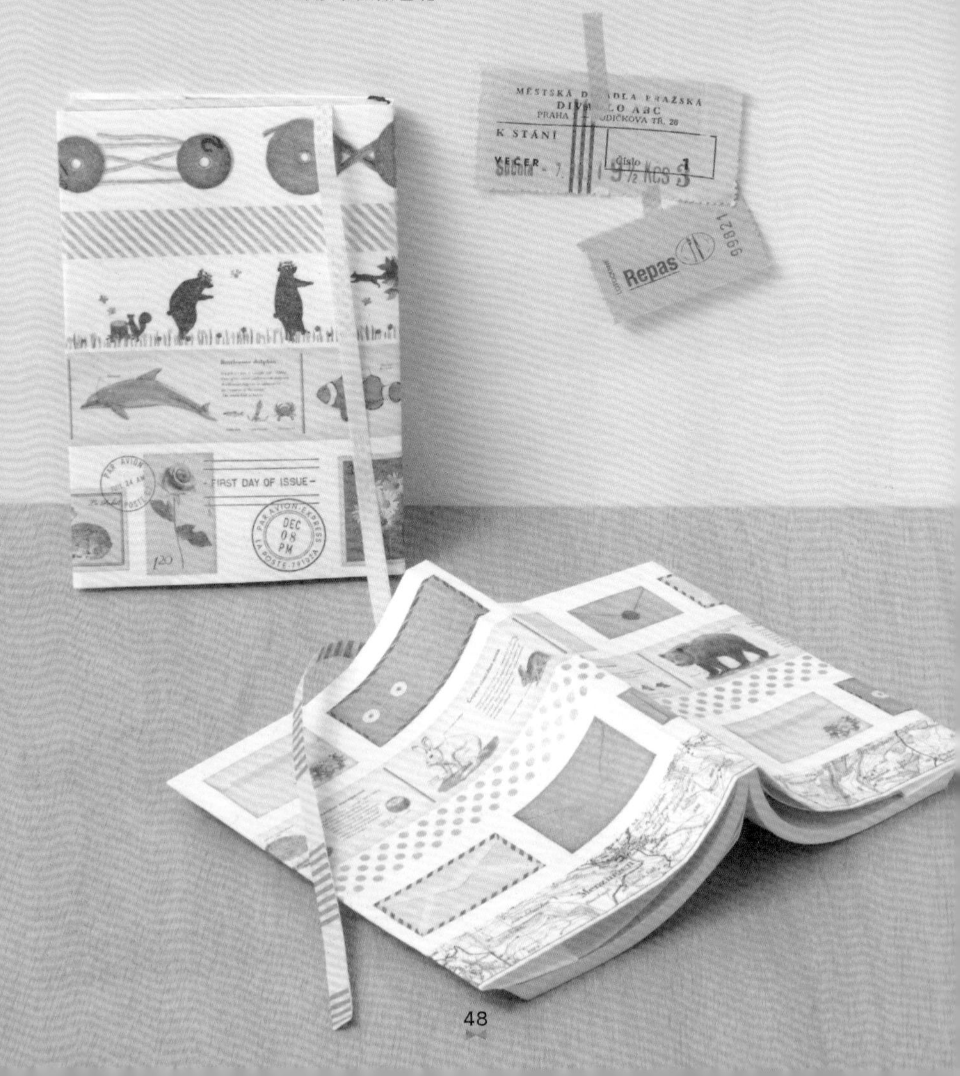

材料及用具

A 裝飾膠帶
45mm寬：郵票
30mm寬：繩卷、
可重疊膠帶・熊＆松鼠、
圖鑑・海洋生物
15mm寬：斜條紋・銀
6mm寬：deco A（黃色系）
B 影印紙（A4尺寸）
C 美工刀、裁切墊、剪刀

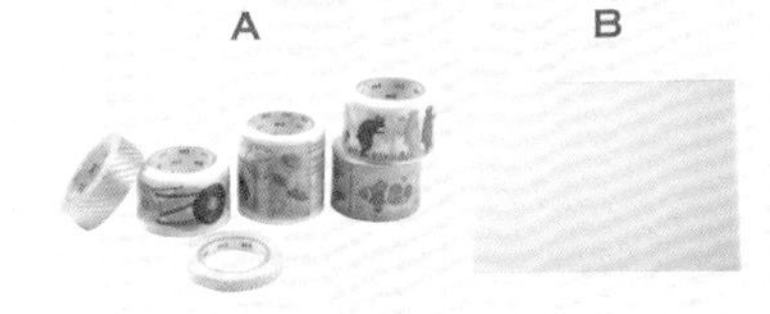

附上書籤繩，實用性也一級棒！只要拉出長長的裝飾膠帶再摺成一半就行了。

參照第93頁「書套的摺法」把影印紙摺成書套的模樣。用6mm寬的裝飾膠帶做書籤繩。把書籤繩貼在書套內側的上部。

把書套翻到表側，橫向併排貼上裝飾膠帶。

把書套套在文庫本上。

Check!

裝飾膠帶是最適合做書套的素材！

裝飾膠帶有光澤，水分不多的話也可以隔絕，是防止髒污的好幫手。貼的時候以寬版的裝飾膠帶為主，再穿插一些窄版的，就會有微妙的韻律感。

用裝飾膠帶和塑膠板製作甜美又時尚的書籤

用圓點、花卉、文字等的裝飾膠帶
製作散發著淡淡女人味的柔美書籤。
塑膠板的透明度讓書籤看起來更有質感。
綁上自己喜歡的緞帶還會更亮眼喔！

材料及用具

A 裝飾膠帶
30mm寬：Garden
15mm寬：轉角・沙攤、
Flower red R、圓點・薄藤
6mm寬：deco A（紫色系）
B 塑膠板
C 緞面緞帶（紫）
D 圓形貼紙
E 美工刀、裁切墊、剪刀、
尺、雙孔打孔器

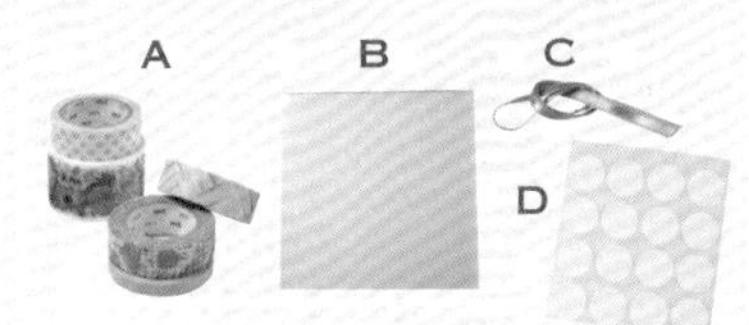

▲ 和第38頁的禮物標籤一樣，用圓形貼紙裝飾並補強打孔的部分。緞帶建議使用3mm寬的。

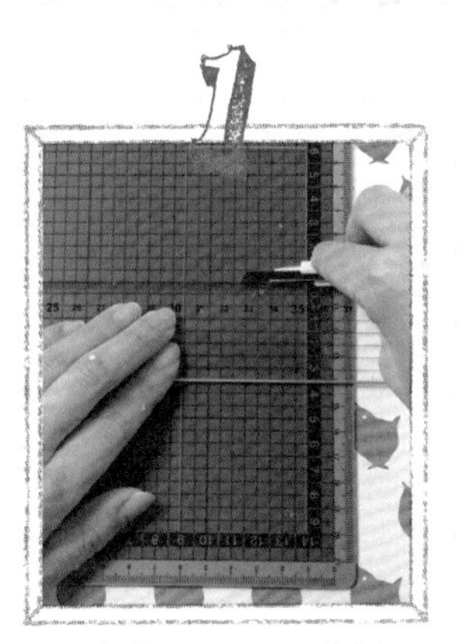

1. 把塑膠板裁成10cm×5cm的大小。

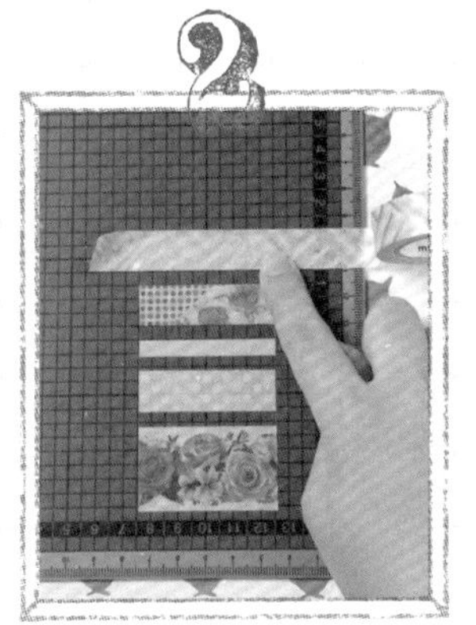

2. 把裝飾膠帶橫向貼在塑膠板上。寬版、細版穿插並保留各5mm的間隔。

3. 在塑膠板的上部貼圓形貼紙，用打孔器打孔。穿入緞面緞帶並打結，剪成適當的長度。

Check! 切塑膠板時的訣竅

想筆直裁切塑膠板時，可以先用尺壓著，再用美工刀沿著尺的邊緣重複刻劃幾次，最後用手指拿著塑膠板沿線上下翻摺數次，就會自動斷成直線了。

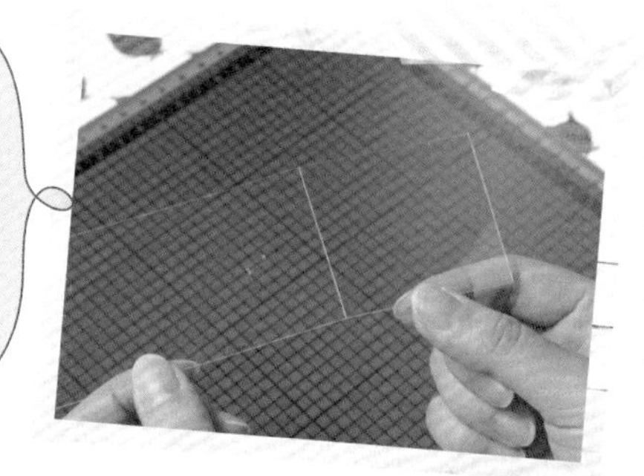

只要在紙上貼裝飾膠帶就行了！全世界獨一無二的包裝紙

收集自己喜歡的裝飾膠帶，
然後隨興地在紙上玩拼貼遊戲，
簡單又可愛的包裝紙就完成了☆
一次多做幾張，
要用時就會很方便。

A 裝飾膠帶
35㎜寬：安全別針・待針R
30㎜寬：票券
15㎜寬：字母・黑R
B 影印紙（A4尺寸）
C 剪刀

A　B

花是先用剪刀剪得小小的，然後再貼在一起。裝飾膠帶的輪廓線經過彩色影印之後就看不清楚了。

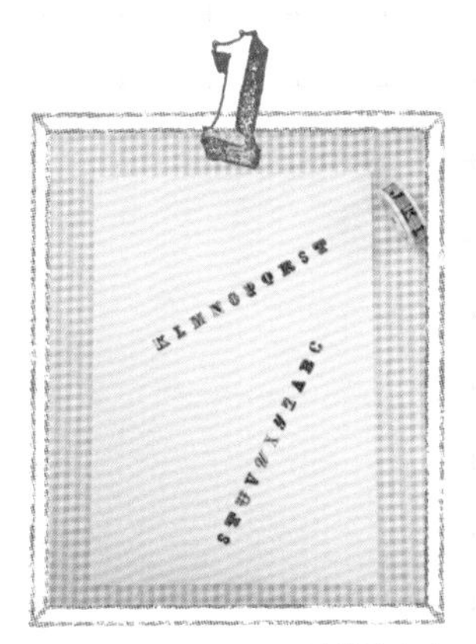

把影印紙擺成縱長形，隨機貼上文字圖案的裝飾膠帶。

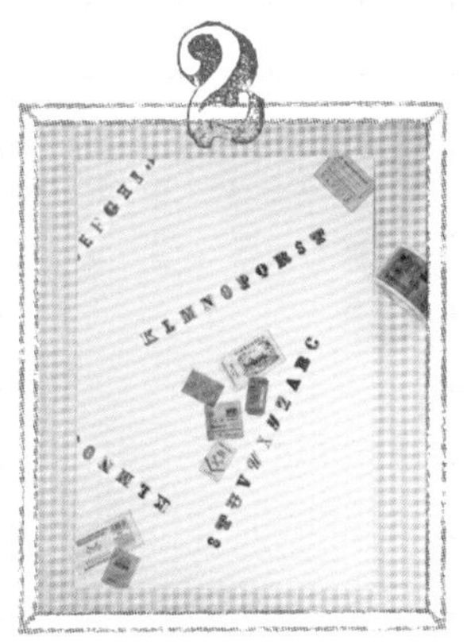

從票券圖案的裝飾膠帶上剪下票券，稍微重疊貼在自己喜歡的位置。

從裝飾膠帶上剪下別針和待針的圖案，隨機貼成自己喜歡的感覺。

Check!

建議把原稿拿去彩色影印再使用！

只要做1張就可以複印好幾張來用。也可以配合要包的禮物尺寸放大或縮小使用。留起來一定會很好用。

裡紙讓作品展現出獨特的個性☆ 裝飾膠帶花樣超可愛的迷你小禮物

只要把裝飾膠帶貼在紙上並放入OPP袋中，
多彩亮麗的可愛小禮物就完成了。
依貼法及裝飾膠帶的花樣不同，
想呈現流行或是典雅風都沒問題，超好玩！

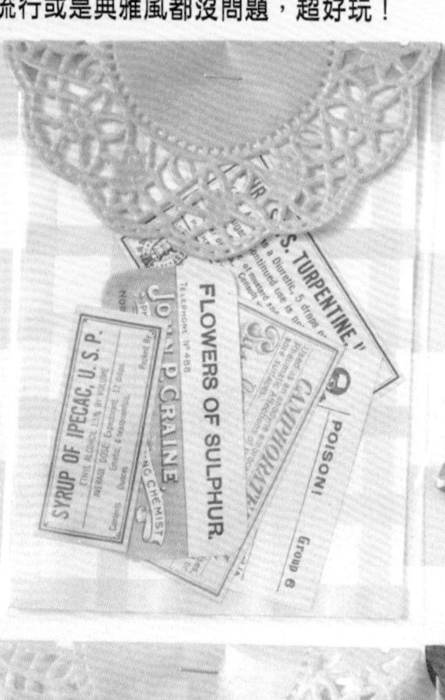

材料及用具

A 裝飾膠帶
15㎜寬：多彩菱紋・紅
7㎜寬：嬰兒藍
B 影印紙
C OPP袋（附蓋・B7尺寸）
D 蕾絲紙（直徑10㎝）
E 美工刀、裁切墊、
尺、釘書機

A
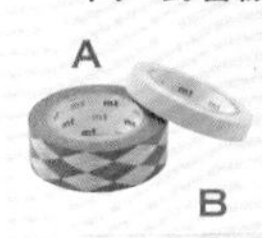
B

C
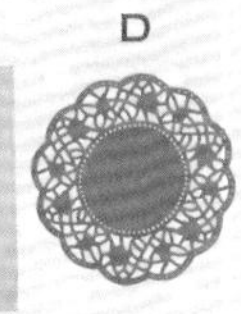
D

要使用有印花的裝飾膠帶時，最好可以和無印花的裝飾膠帶穿插著貼，這樣整體感會更好。

1. 把影印紙裁成12㎝×9㎝的大小。

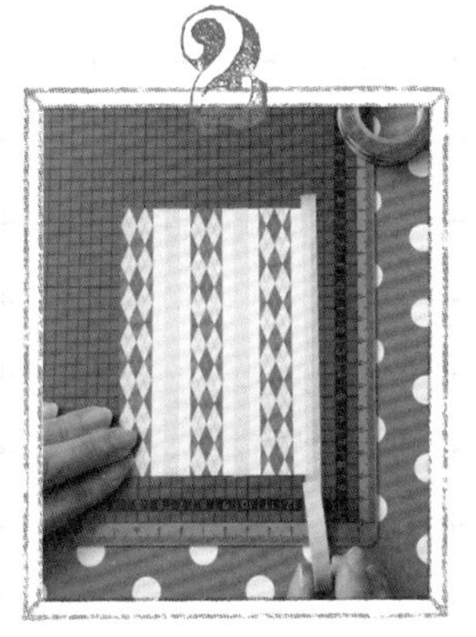
2. 以5㎜的間隔穿插貼上2種不同的裝飾膠帶。

3. 把紙放入OPP袋中，把想當成禮物的東西也放進去。把OPP袋封起來並用對摺的蕾絲紙夾住，用釘書機固定。

Check!

有效活用裁切墊的格線！

想要以5㎜、10㎜等固定的間隔貼上裝飾膠帶時，建議利用裁切墊上的格線。這樣就不需要再特別拿尺核對了，很方便喔！

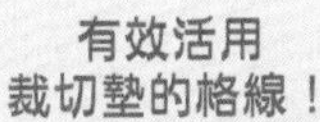

用信封和裝飾膠帶做的正四面體吊飾風小禮物♪

Level ★★★★★

把信封摺成立體狀，
再貼上搶眼的裝飾膠帶，
可愛的造型小禮物袋就完成了。
放入糖果或巧克力等當成禮物，
收到的人應該會很開心吧！

材料及用具

- A 裝飾膠帶
 15㎜寬：Number pink R、
 方眼・銀、字母・金R
- B 信封（長形4號）
- C 緞帶（粉紅）
- D 舊郵票
- E 美工刀、裁切墊、尺、釘書機

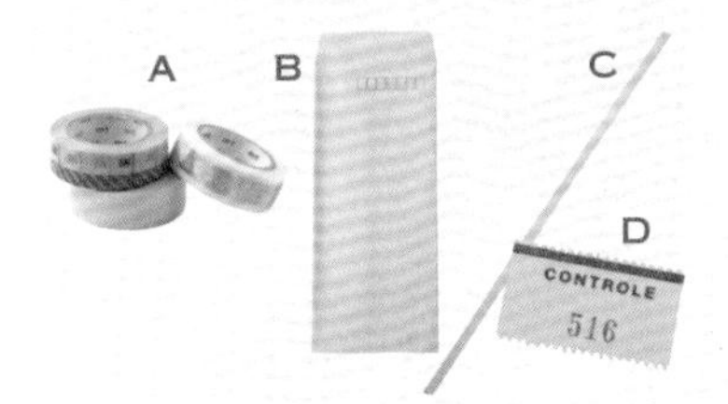

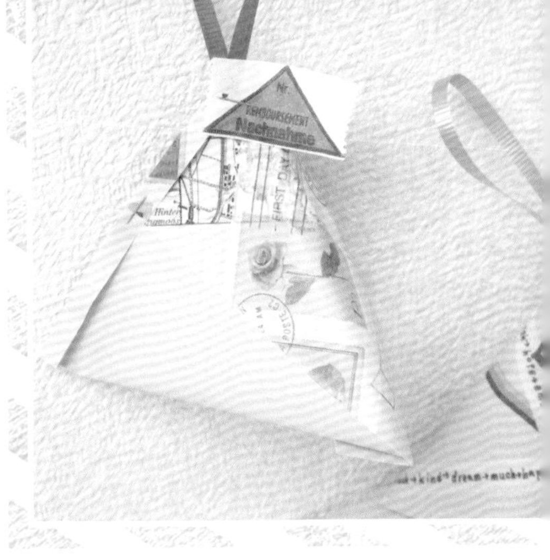

這是把事務用信封切開摺疊做成的正四面體小禮物袋。只在信封的一面貼裝飾膠帶反而能成為亮點喔！

1

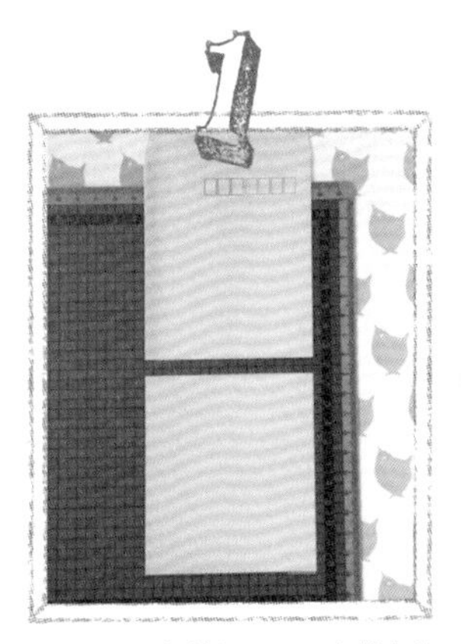

從信封的下部剪取10㎝。上部在本例中用不到。

2

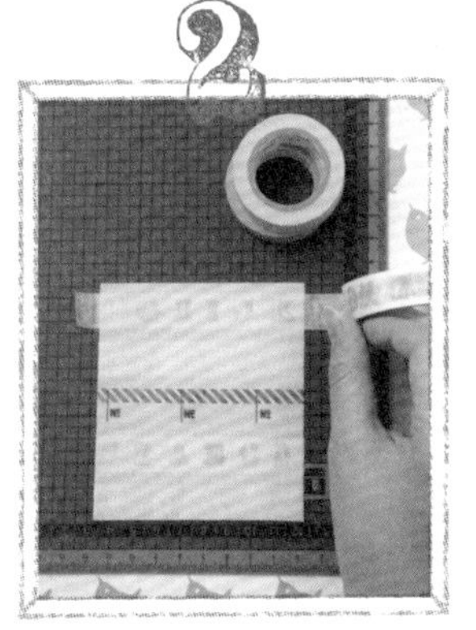

在剪好的信封袋上貼裝飾膠帶。把小禮物放入信封中。

3

使脇邊的摺線相互對齊，摺成三角形，把入口摺起來。剪下約10㎝長緞帶，和舊郵票一起用釘書機固定。

Check!

把信封摺成三角形時的訣竅

步驟3摺信封時，只要像照片中這樣使兩脇的摺線相互對齊，並用兩手的手指把信封的表側中央和裡側中央往外拉，這樣就會變成立體的三角形了。

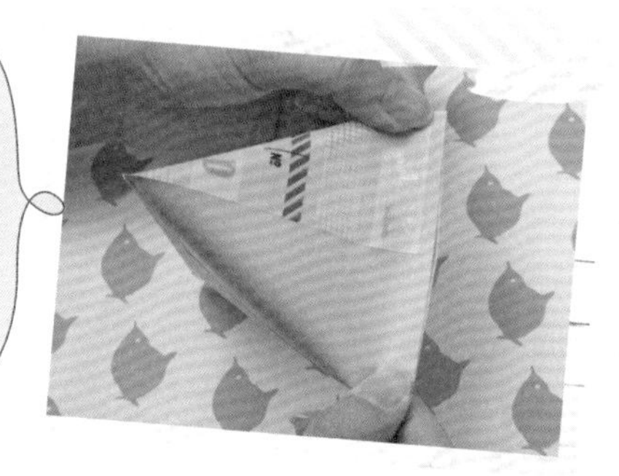

用裝飾膠帶把手邊的紙杯變成可愛的小禮物

Level ★★★★★

普通的紙杯只要用裝飾膠帶打扮一下，
就可以變成華麗可愛的小禮物了！
再加上緞帶、蕾絲紙等做點綴，
用來送小玩意兒或小點心超適合 ♡

▲ 如果是寬版的裝飾膠帶，橫向貼1條就很有效果了。貼成十字形或是隨機交錯的配置也都很cute喔！

材料及用具

A 裝飾膠帶
6㎜寬：deco A（粉紅色系、紫色系、黃色系）
B 紙杯
C 緞帶（紅）
D 剪刀、釘書機

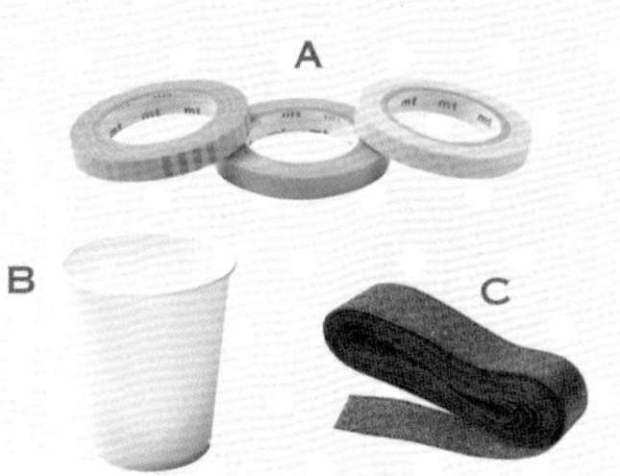

1 在紙杯的側面隨興貼上裝飾膠帶。

2 裝入禮物，把紙杯的口部捏扁並使杯緣平平地重疊。

3 把剪成適當長度的緞帶摺成環狀，用釘書機固定。

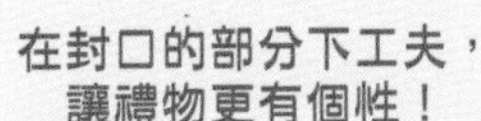

在封口的部分下工夫，讓禮物更有個性！

除了用裝飾膠帶點綴，封口部分的講究程度也會帶給對方截然不同的印象。試著用緞帶、蕾絲紙等加入一些可愛的元素吧！

Point 26

讓裝飾膠帶做的席箋 在派對上亮麗演出♡

插在玻璃杯上的聰明席箋。
也可以摺成一半，
像留言卡那樣在內側寫上短語。
讓裝飾膠帶為派對增添風采☆

材料及用具

A 裝飾膠帶
15㎜寬：斜條紋 · 淺藍
6㎜寬：deco D（綠色系）
B 圖畫紙（白）
C 美工刀、裁切墊、
剪刀、尺、筆

在席箋的表側寫上邀約對象的姓名並放在桌上。如果要在內側寫短語的話，就用裝飾膠帶封起來。

把圖畫紙裁剪成5㎝×10㎝的大小並在長度的一半壓出摺痕。對齊下緣貼上15㎜寬的裝飾膠帶。

像照片中這樣用剪刀剪一道斜斜的牙口。寬度約1㎜、長度約15㎜左右。

在內側寫上短語，在表側寫上邀約對象的姓名。把紙摺成一半並斜斜貼上一條6㎜寬的裝飾膠帶封起來。

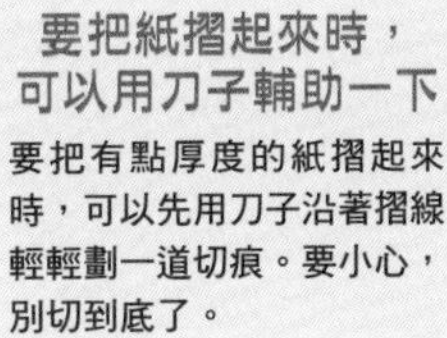

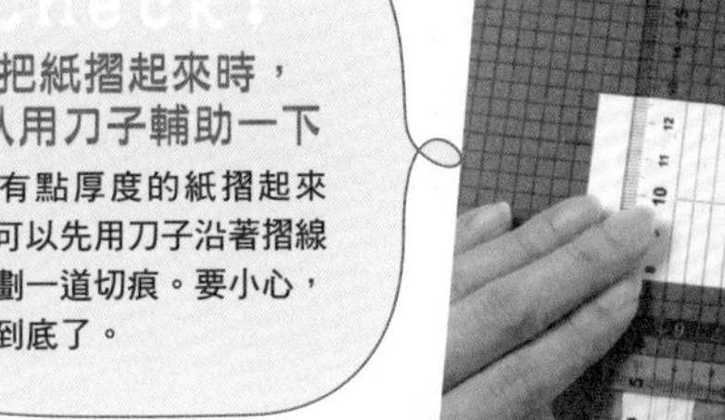

Check!

要把紙摺起來時，可以用刀子輔助一下

要把有點厚度的紙摺起來時，可以先用刀子沿著摺線輕輕劃一道切痕。要小心，別切到底了。

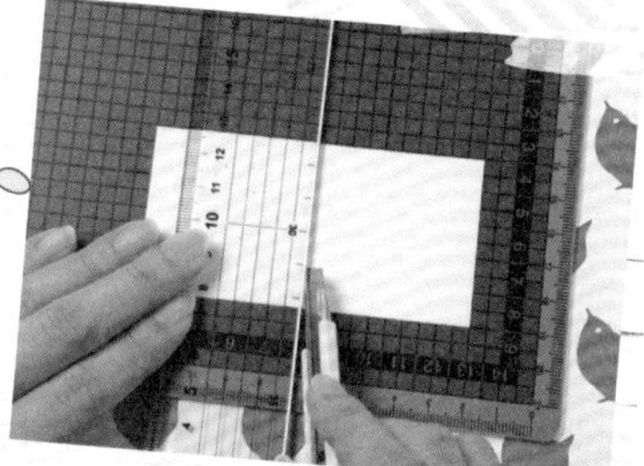

Chapter2 紙雜貨

裝飾膠帶上的繽紛花樣 讓氣氛High起來！派對風的筷子套♪

絕對能拉抬慶祝會場及派對氣氛的
裝飾膠帶筷子套♪
只要依照摺紙的要領就能輕鬆製作。
快來試試看用裝飾膠帶
設計繽紛多彩的筷子袋吧！

材料及用具

A 裝飾膠帶
7㎜寬：嬰兒藍、薰衣草
B 摺紙用紙（15㎝×15㎝）
C 雙面膠帶

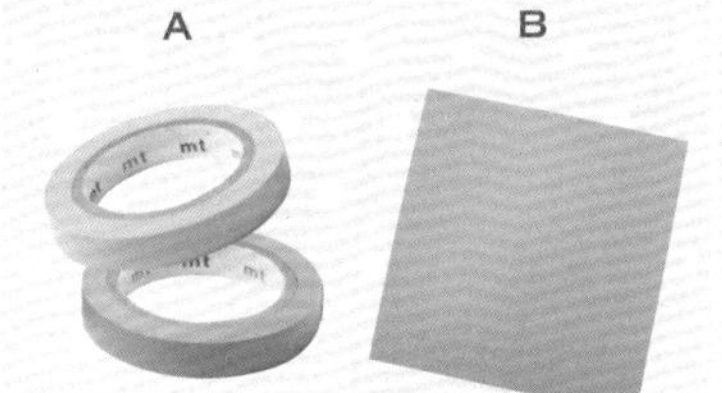

▲ 裝飾膠帶可以全面沒有間隙地貼在紙上，也可以貼成斜條紋狀，隨興地貼上2條也不錯！

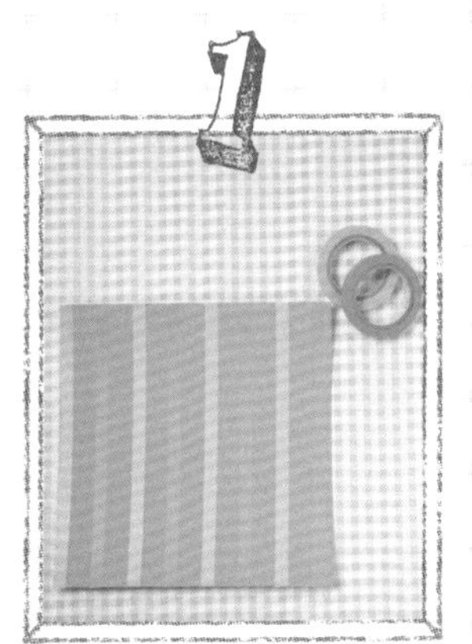

1 在摺紙用紙上以固定的間隔穿插貼上2款裝飾膠帶。

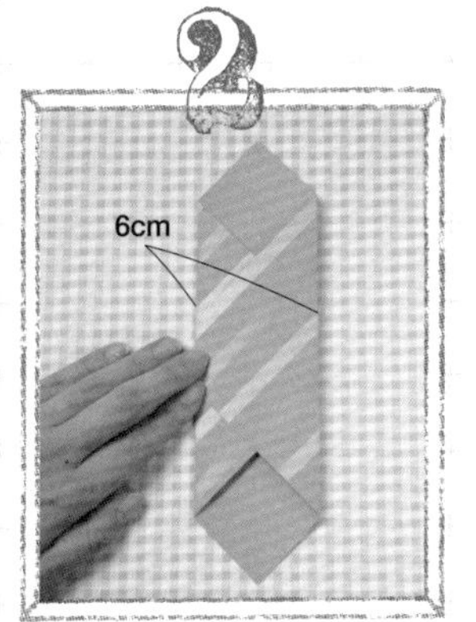

2 把有貼裝飾膠帶的那一面翻到裡側並擺成菱形，像照片中這樣把左右兩個角摺起來，變成6㎝寬。

3 把2翻到裡側，把下部往上摺，用雙面膠帶貼合（照片為裡側）。

Check!

讓手作筷子袋在各種場合活躍！

只要配合湯匙、叉子等手邊餐具的大小改變摺筷子袋時的寬度，就能在野餐、便當等派對以外的場合也適用囉！

Point 28 紙袋的形狀和裝飾膠帶都超可愛的附提把mini bag☆

這個超小的紙袋型mini bag
是用信封做的，很簡單！
放小點心或小玩意兒剛剛好。
用裝飾膠帶幫它好好地打扮一番吧！

材料及用具

A 裝飾膠帶
15㎜寬：大理石・猩紅、
轉角・泉水
B 信封（長形4號）
C 麻繩
D 美工刀、裁切墊、
剪刀、尺、口紅膠

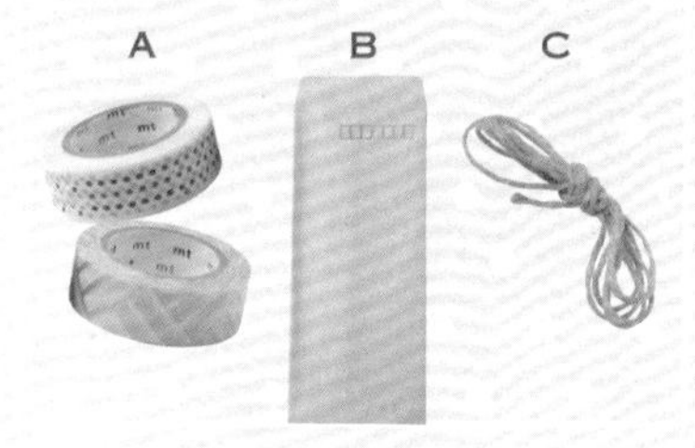

Mini bag除了可以裝小禮物送人，也可以掛幾個在牆壁上當裝飾，會很漂亮喔！

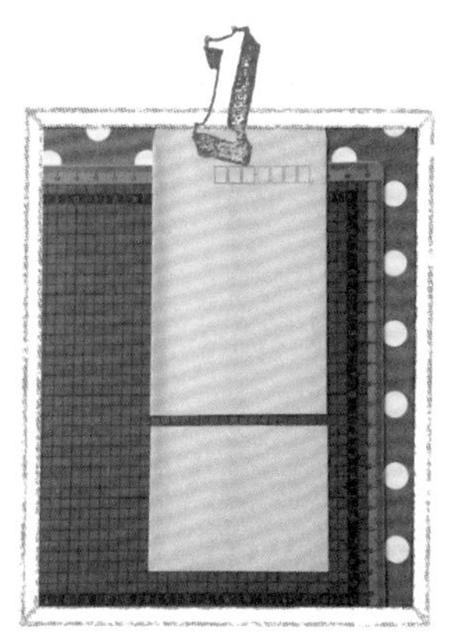

從信封的下部剪取7㎝。上部在本例中用不到。

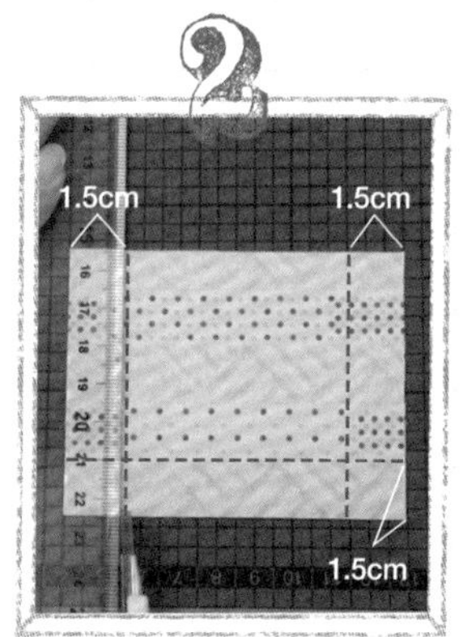

橫向穿插貼上2種不同的裝飾膠帶，裡側也要貼。參照圖中的尺寸，用刀子輕輕劃上淺淺的刻痕。

沿著2刻的摺線做出側身並摺成立體狀。把2條切成10㎝長的麻繩貼在信封的內側。

Check！

把信封底部往內摺時的訣竅

步驟3摺側身時，左右都會產生一個三角形。把三角形往底側摺，用口紅膠、雙面膠帶或裝飾膠帶貼住固定。

用貼了裝飾膠帶的紙摺製手工藝品風CD套

Level ★★★★★

收集了心愛曲目的CD、最喜歡的live DVD…
要把這些當禮物送人時，
加個可愛的紙製CD套想必會更棒。
裝飾膠帶的配色是幫可愛度加分的關鍵。

材料及用具

A 裝飾膠帶
30㎜寬：票券
15㎜寬：刺繡
6㎜寬：deco A（黃色系）
B 草紙（A4尺寸）
C 緞帶（粉紅）
D 美工刀、裁切墊、雙孔打孔器

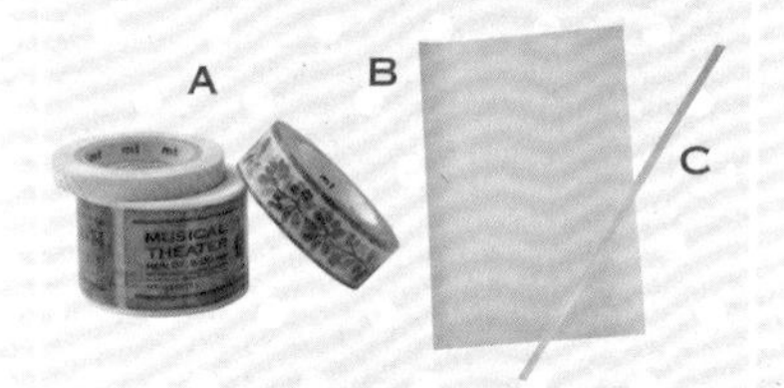

▲ CD套用純白色的影印紙做就很漂亮了，不過用草紙做的話，還會有點懷舊的氣氛。

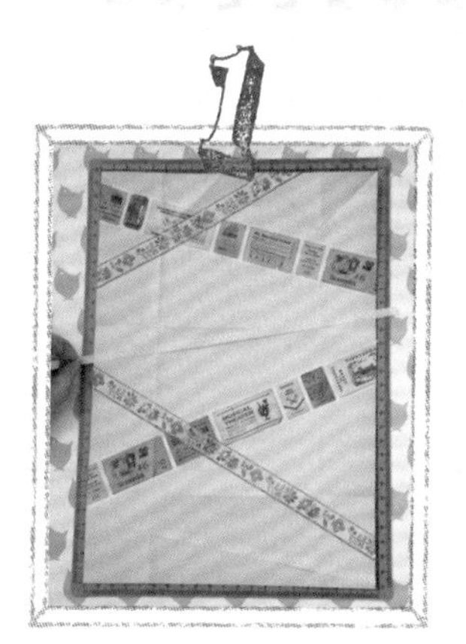

1 參照第94頁「CD套的摺法」用草紙摺CD套，使表側朝上並攤開。貼上3種不同的裝飾膠帶。

2 把要當成禮物的碟片放進去，再次把CD套摺起來。

3 用打孔器在左上角打孔。穿入緞帶並打結。

Check!

在花樣的變化上用心設計！

裝飾膠帶的貼法不同，給人的印象也會大不相同。可以隨興貼上幾條，也可以全面貼上寬版的裝飾膠帶，滿版的花樣也很漂亮喔！

裝飾膠帶的花樣真迷人！可以傳達心情的手作禮金袋

Level ★★★★★

這款漂亮的格紋禮金袋
很適合在非正式的慶祝會場
及私下寄上祝福時用來傳遞滿滿的關懷。
以1張B4紙就能做出來了，超簡單☆
也可以用不同顏色的裝飾膠帶多做幾個備用。

材料及用具

- A 裝飾膠帶
 - 15㎜寬：圓點・薄藤
 - 7㎜寬：薰衣草、玫瑰粉紅
- B 影印紙（B4尺寸）
- C 人造花
- D 裝飾線（青）
- E 筆、雙面膠帶

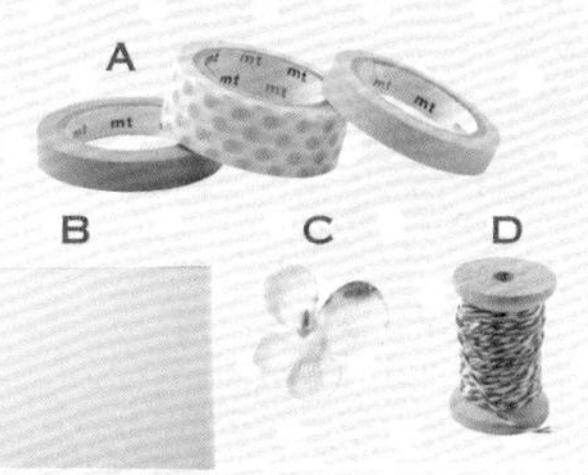

用圓點花樣的裝飾膠帶確實把禮金袋固定好，然後再綁上裝飾線。要先放好錢再加封，這是禮貌喔！

1 參照第95頁「禮金袋的摺法」的尺寸表用影印紙摺到2。

2 把1的紙攤開並像照片中這樣放好，用2種7㎜寬的裝飾膠帶貼成格子花樣。左側要保留5㎝不貼。

3 放入內袋後再次把禮金袋摺好。在中央貼上15㎜寬的裝飾膠帶並在這上面綁裝飾線。寫上留言並在右上角貼人造花。

Check!

禮金袋後側的摺法也很重要！

喜事的禮金袋是像照片中這樣先摺上面，最後才把下端往上摺蓋上去，這是禮貌。完成後的縱長約為17〜18㎝左右。

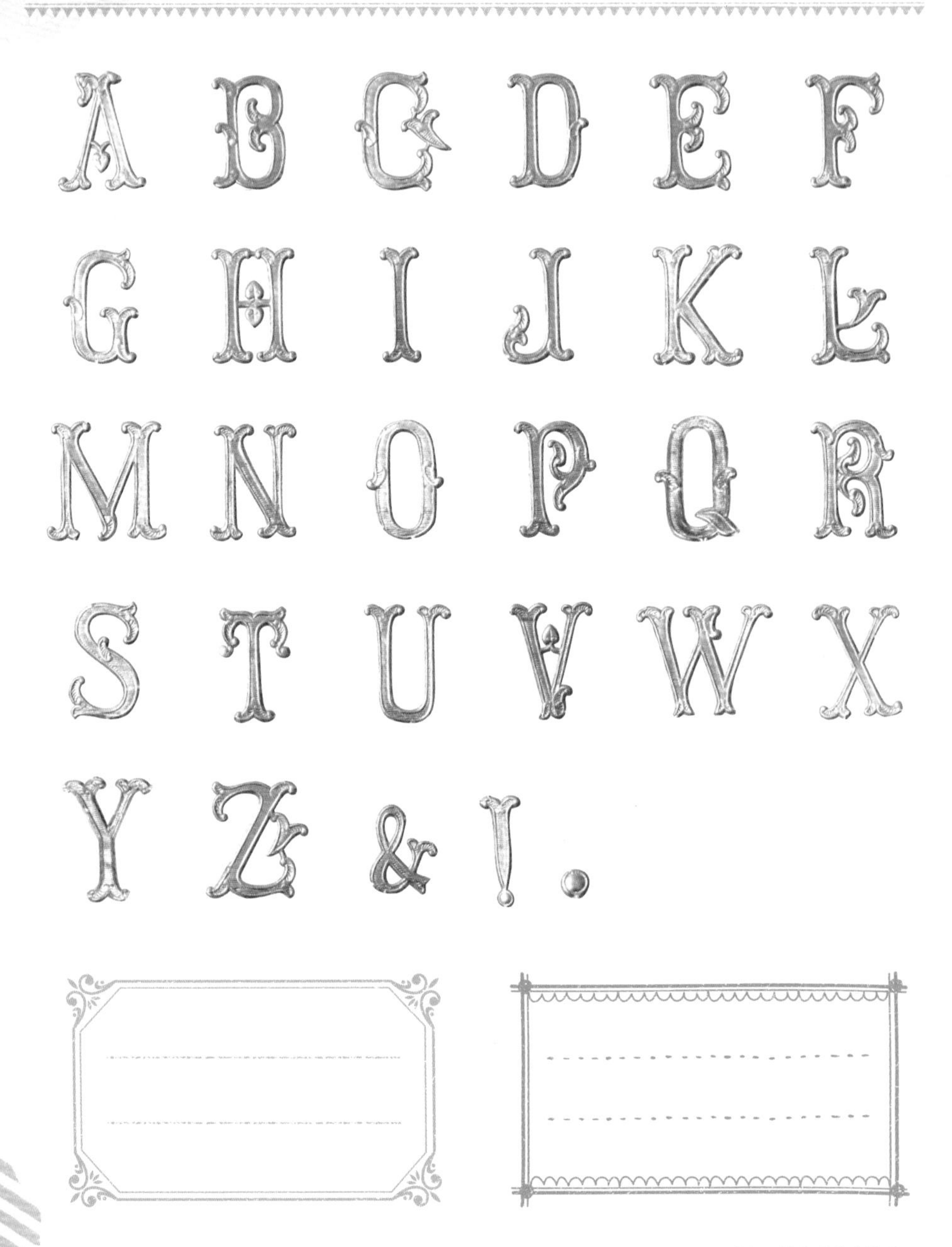

請自行放大或縮小使用。

Chapter 3
日常小物

用裝飾膠帶幫平常就在我們身邊的

簡單小物打扮可愛吧！

裝飾膠帶有著超百變、超迷人的花樣和顏色，

就算只做重點式的點綴，

也能給人截然不同的印象。

小收納盒、木夾子、杯墊、手機外殼…，

幫身邊的小物貼出一番新氣象吧！

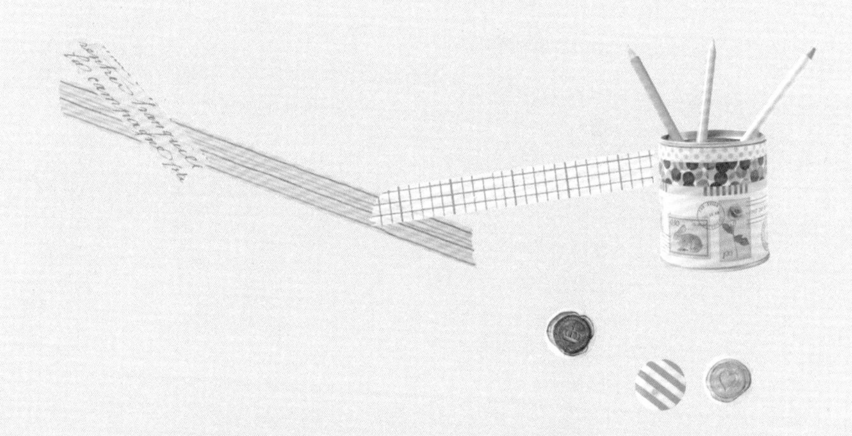

利用裝飾膠帶的花樣來展現個性☆復古風鑰匙圈

Level ★★★★★

超容易不見的鑰匙
如果和這麼可愛的鑰匙圈綁在一起，
應該就不會找不到了。
家裡的鑰匙或車子的鑰匙都可以用，
如果和復古風的鑰匙綁在一起，
還可以當包包的吊飾喔！

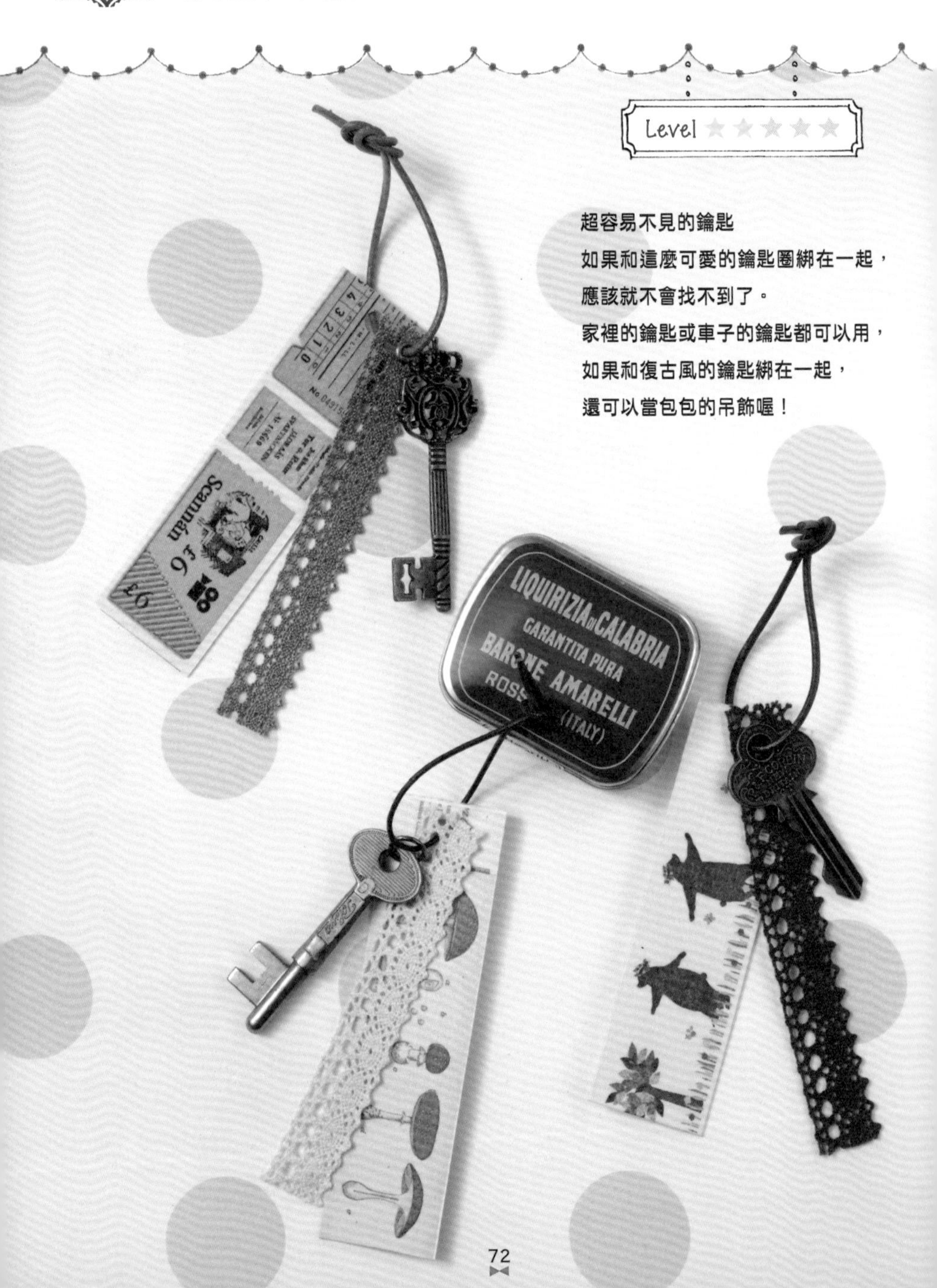

材料及用具

A 裝飾膠帶
30㎜寬：可重疊膠帶・熊＆松鼠
B 厚紙板
C 皮繩
D 蕾絲
E 復古鑰匙圈
F 美工刀、裁切墊、
剪刀、尺、雙孔打孔器

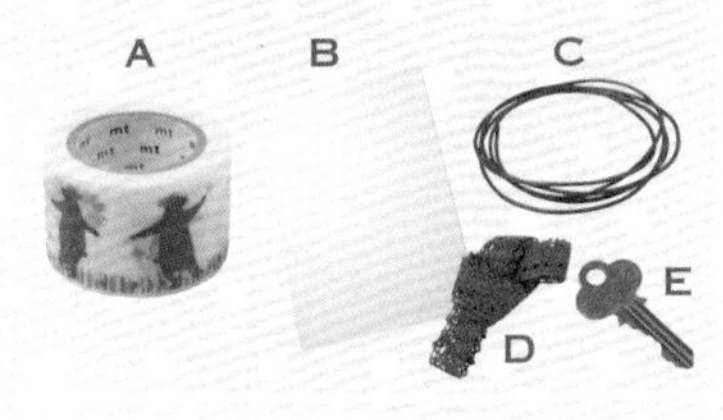

在厚紙板的兩面貼寬版的裝飾膠帶，然後剪下來和蕾絲、皮繩一起組合。選自己喜歡的花樣來做吧！

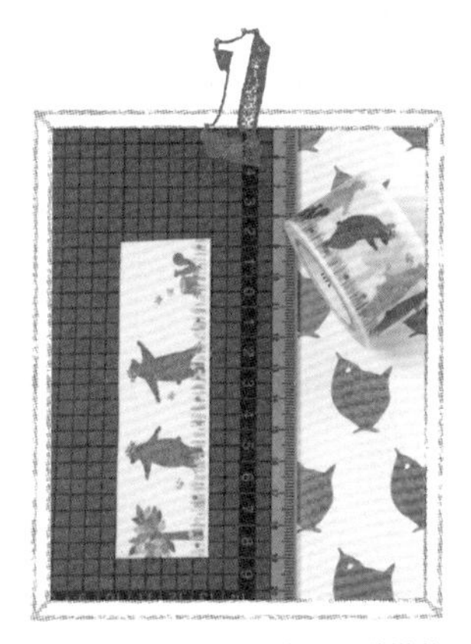

在厚紙板上貼裝飾膠帶。沿著裝飾膠帶的寬度剪下來，上下則是10㎝的長度。

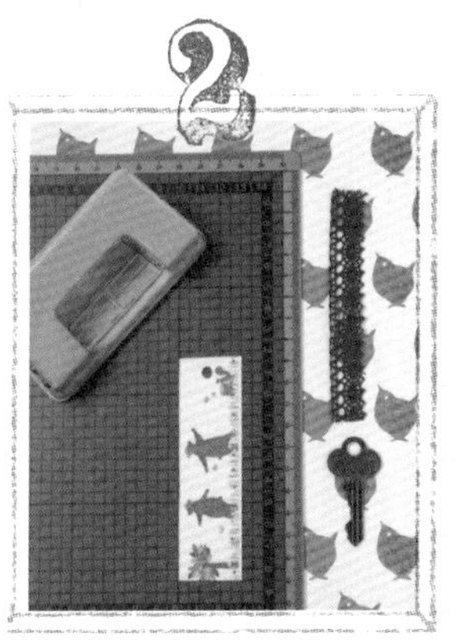

準備蕾絲和復古風鑰匙，用打孔器在厚紙板的上部打一個孔。

在皮繩上穿入厚紙板、蕾絲、復古風鑰匙圈，使繩子的末端對齊，打一個結。

Check!

大玩裝飾膠帶和蕾絲的組合遊戲

點綴鑰匙圈的裝飾膠帶花樣好吸睛。從寬版的裝飾膠帶中選一款自己喜歡的花樣來做。蕾絲的配色既典雅又自然。

利用裝飾膠帶♪
創作橫條花樣的手機外殼

比市售的手機外殼更cute、更有活力☆
只要一些裝飾膠帶，就能創作一個
專屬於自己的手機外殼。
讓美麗的多彩橫條花樣成為注目的焦點吧！

A 裝飾膠帶
15㎜寬：嫩綠、拼貼・E、嬰兒藍
6㎜寬：deco F（圓點、縱條紋）
B 手機外殼
C 美工刀、裁切墊

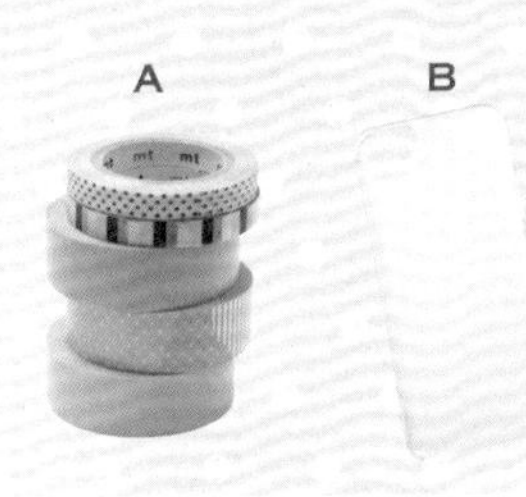

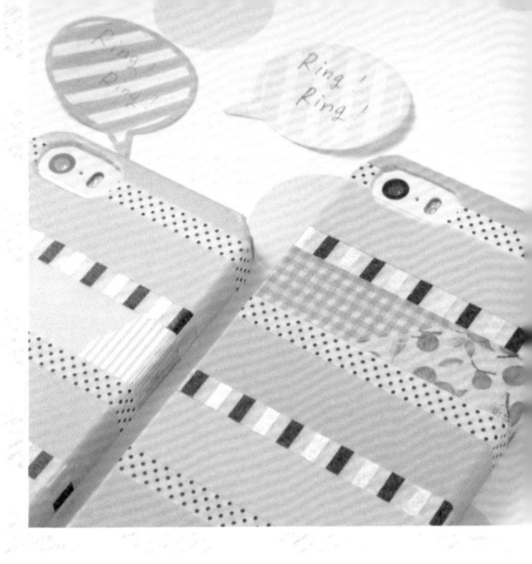

視整體配色的平衡感穿插貼上窄版的裝飾膠帶。有印花的裝飾膠帶則用來稍事點綴，增加變化性。

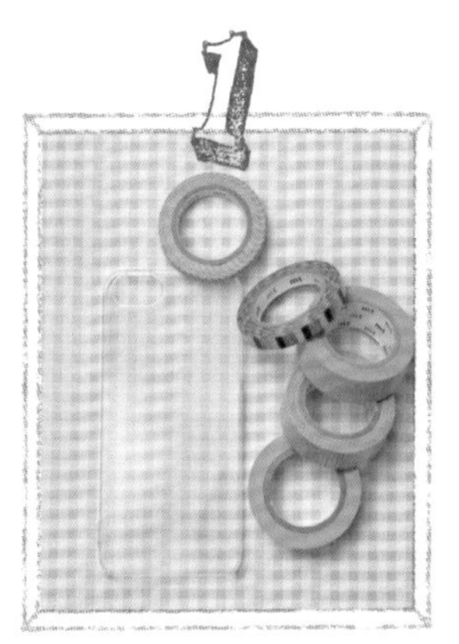

挑戰想要用的裝飾膠帶。寬窄不同的裝飾膠帶共5款。

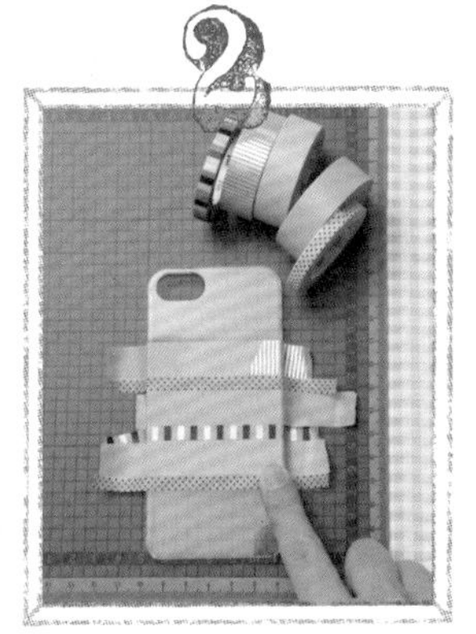

先在手機外殼的中央貼一條15㎜寬的裝飾膠帶。接著再往上、下兩側繼續貼，脇邊也要貼。

手機外殼有孔的部分就用刀子把裝飾膠帶切掉。

Check!

要怎麼貼才會不論從什麼角度看都漂亮？

步驟2把裝飾膠帶往兩脇貼時，不要貼得剛剛好，而是要稍微貼到內側一點點。讓裝飾膠帶稍微長一點，然後往裡側摺。

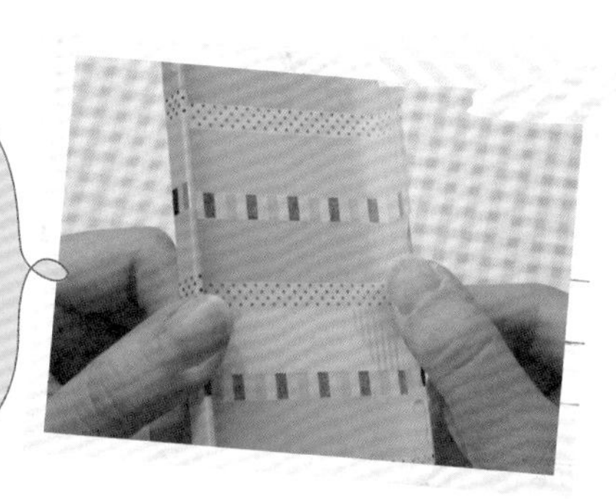

Point 33

為餐桌帶來聚光效果的裝飾膠帶版彩色杯墊

Level ★★★★★

只要把裝飾膠帶在剪成圓形的厚紙板上
貼成橫條花樣就完成的超簡易杯墊☆
再用美麗的Dresden trim字母
貼上使用者的姓名字首。

▲ 穿插貼上2種不同的裝飾膠帶。搭配時只要選擇同色系的膠帶，整體感就會非常好喔！

材料及用具

- A 裝飾膠帶
 15㎜寬：圓點・萌黃、紅蘿蔔
- B 厚紙板
- C Dresden trim
- D 裁切墊、剪刀、圓規、膠

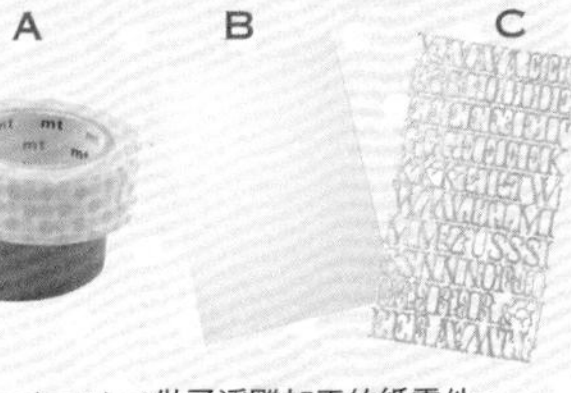

※Dresden trim：做了浮雕加工的紙零件。有字母等的主題。

用圓規在厚紙板上畫一個直徑8㎝的圓形，用剪刀沿著線剪下來。

穿插貼上有印花和無印花的裝飾膠帶，沿著厚紙板的輪廓用美工刀切割下來。裝飾膠帶間要保留2～3㎜的間隔。

在右下角貼上Dresden trim的字母貼紙。

Check!

裝飾膠帶要從中央開始貼！

步驟2要貼裝飾膠帶時是先在中央貼一條當主軸。然後再以此為基準取等間隔繼續貼，平衡感就會很好。

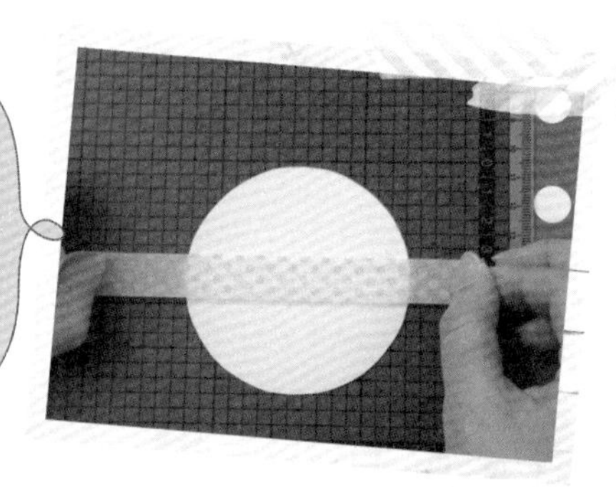

穿上裝飾膠帶的時尚新裝♪用途多多的小物收納盒

只要在飲料盒外側貼上精心搭配的各種裝飾膠帶，
看起來就會好像從精品店買回來的小物收納盒。
方形的飲料盒做起來超簡單，容量也不是蓋的！
形狀統一的話，就很適合併排起來做分類收納喔♪

材料及用具

A 裝飾膠帶
30㎜寬：水滴・薰衣草
20㎜寬：拼布
15㎜寬：軟木塞
B 飲料盒
C 影印紙（A4尺寸）
D 美工刀、裁切墊、剪刀、尺

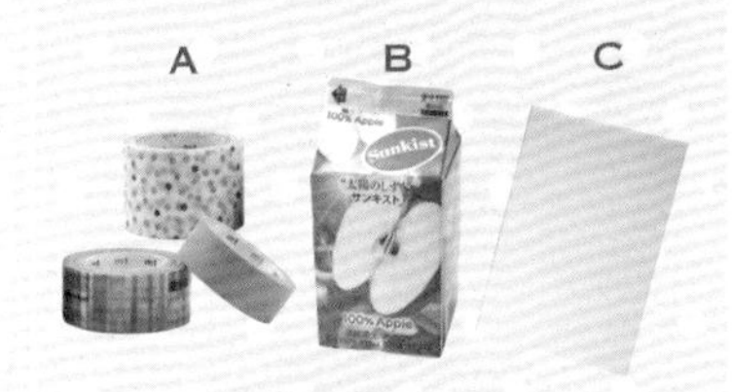

▲ 想讓設計看起來更自然，訣竅就是用顏色深一點的裝飾膠帶。

1

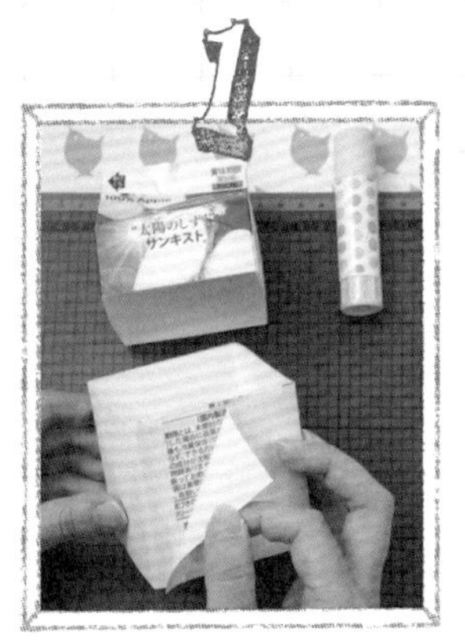

把飲料盒的下部7㎝剪下來。上部在本例中用不到。把影印紙剪成7㎝寬，貼在飲料盒上。

2

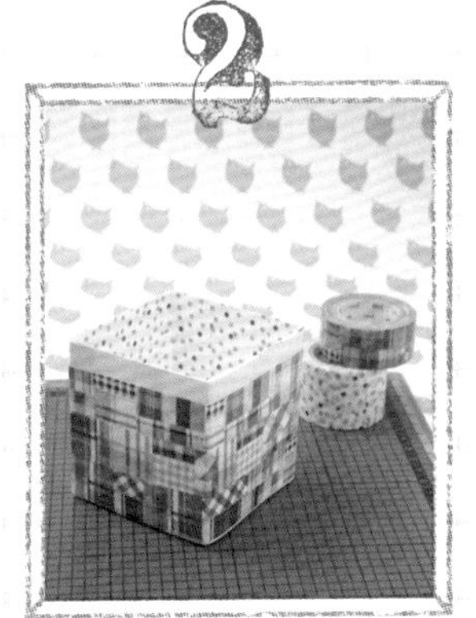

表側是在上部留1㎝寬，其餘部分用20㎜寬的裝飾膠帶全面貼滿。裡側則是用30㎜寬的裝飾膠帶全面貼滿。

3

在上部繞一圈，貼上15㎜寬的裝飾膠帶。

Check!

在不容易貼的地方貼裝飾膠帶的訣竅！

要在狹窄的空間裡貼裝飾膠帶的確有點困難。想順利地貼，就要像照片中這樣用手指把裝飾膠帶稍微彎曲起來，然後以放上去的感覺貼合。

Point 35 用裝飾膠帶為空罐換上新裝♡ 繽紛動感的小物收納盒

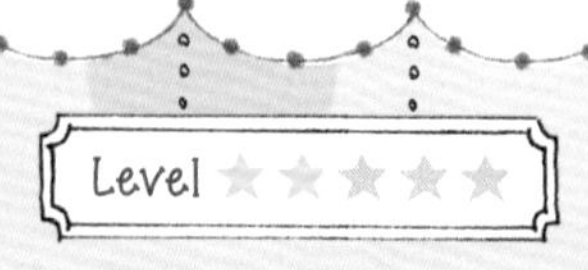

利用吃完的水果罐頭製作的繽紛動感小物收納盒。
在空罐上貼滿可愛的裝飾膠帶重新改裝。
可以放小雜貨、小甜點，
也可以當做筆筒，超級實用☆

材料及用具

A 裝飾膠帶
30㎜寬：票券
25㎜寬：蝴蝶結
15㎜寬：水滴・黃
9㎜寬：shiritori・gray
B 水果等的空罐
C 影印紙（A4尺寸）
D 美工刀、裁切墊、尺、雙面膠帶

▲ 用亮色的裝飾膠帶適當地搭配拼貼。空罐的開口部分很銳利，小心不要受傷囉！

量一下空罐的高度和圓周，把影印紙裁剪成高×圓周的尺寸。在兩端貼好雙面膠帶。

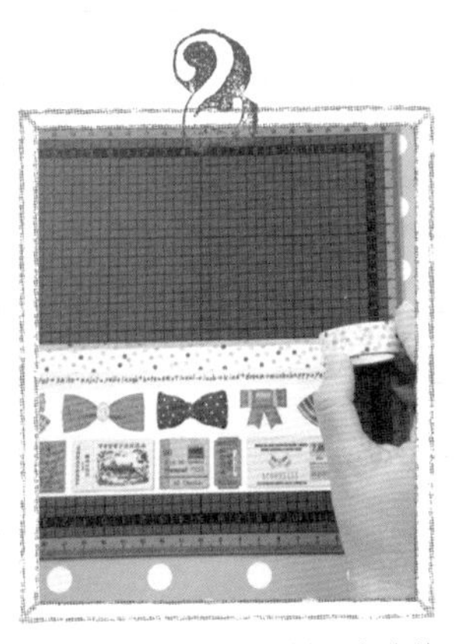

把裝飾膠帶橫向貼在紙上。超出的部分就用刀子切掉。

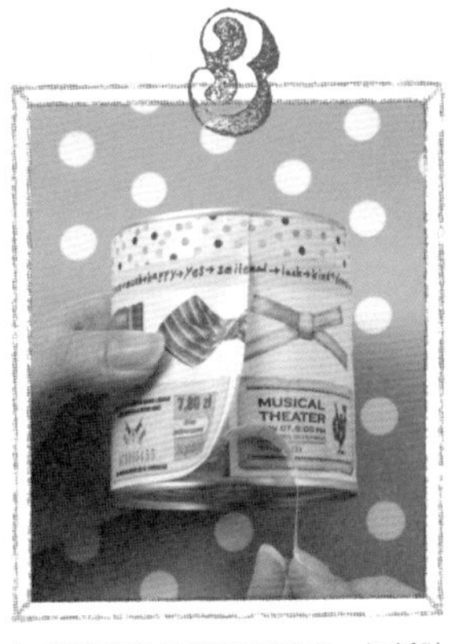

把雙面膠帶的離型紙剝掉，把紙貼在空罐上。

★小心別被空罐開口的銳利部分割傷了手。

Check!
紙的長度要比空罐的周長更長一點

紙不要剛好和空罐的圓周一樣長，而要能重疊1㎝左右。多餘的部分則切掉。要能確實遮住空罐原本的花樣，這樣才會漂亮。

繽紛的色彩&流行感好可愛！貼上裝飾膠帶的木夾子♡

貼上裝飾膠帶就OK了！
超簡單又漂亮的木夾子。
夾子本身就能帶來繽紛歡樂的氣氛，
所以不論是用來夾紙條還是當成裝飾……
什麼樣的場合都能大展身手！

材料及用具

A 裝飾膠帶
15mm寬：圓點・金
B 木夾子
C 舊郵票
D 美工刀、裁切墊、膠

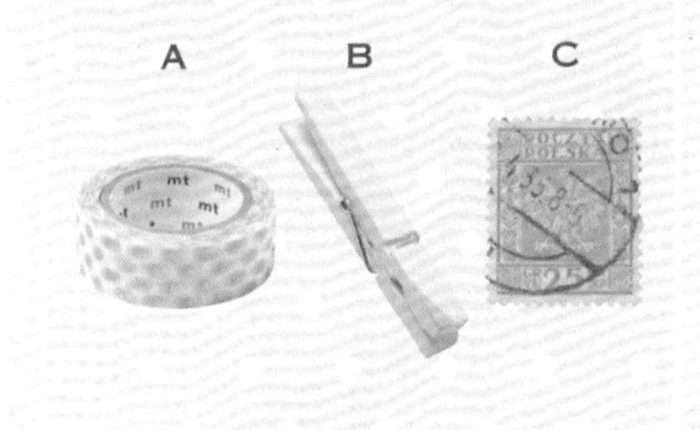

建議使用紅色、青色、黃色等顏色比較亮的裝飾膠帶。用拼貼花樣的裝飾膠帶也會很cute♪

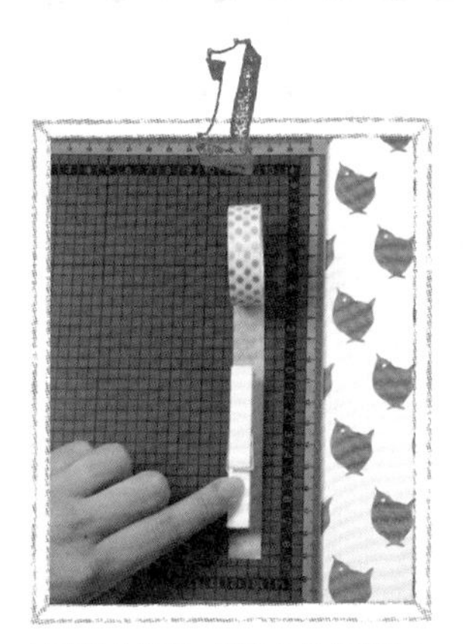

拉出裝飾膠帶，對齊左端並擺上木夾子。

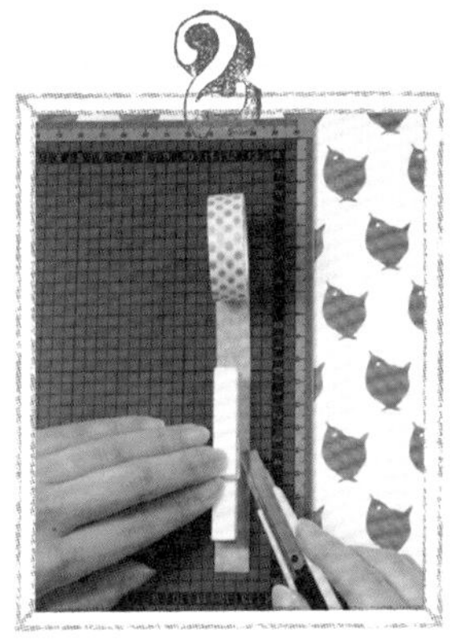

沿著木夾子的三邊用刀子切除多餘的裝飾膠帶。

把貼了裝飾膠帶的面翻到表面，在下部貼上舊郵票。

Check!
把改裝後的木夾子再點綴一下

當使用的裝飾膠帶為圓點、條紋等比較簡單的花樣，就可以用膠或雙面膠帶在夾子的前端貼上舊郵票、人造花等，這樣更漂亮。

貼上醒目的裝飾膠帶，讓樸素的名片瞬間變可愛！

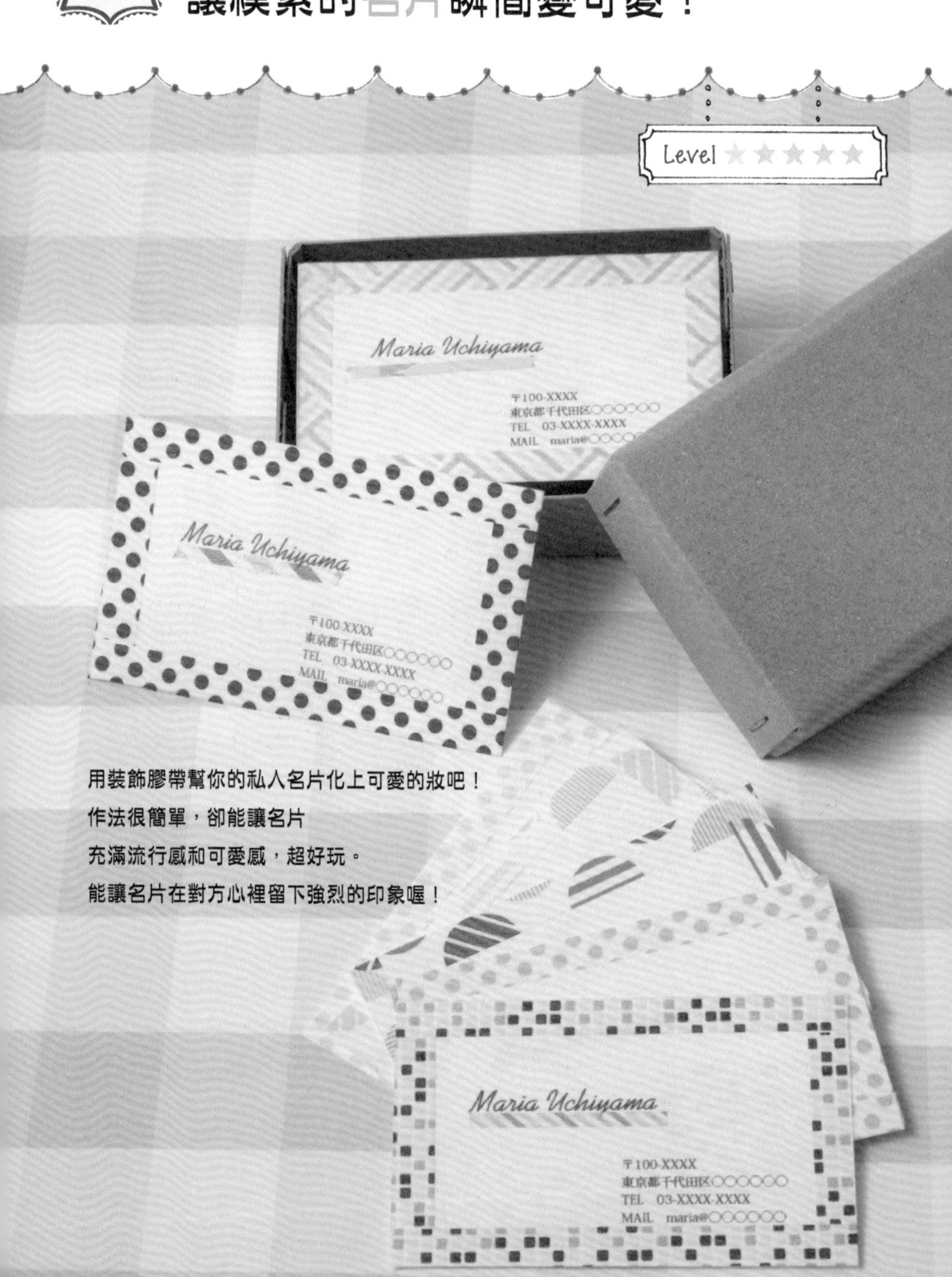

用裝飾膠帶幫你的私人名片化上可愛的妝吧！
作法很簡單，卻能讓名片
充滿流行感和可愛感，超好玩。
能讓名片在對方心裡留下強烈的印象喔！

A 裝飾膠帶
15㎜寬：磁磚・粉紅
3㎜寬：A（橘×黃綠）
B 名片
C 美工刀、裁切墊

A

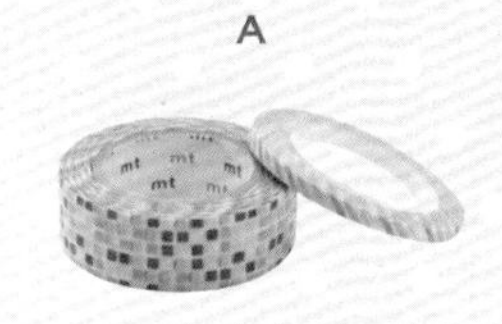

▲ 在名片的周圍繞一圈貼上裝飾膠帶，姓名的部分則是加上極細版的裝飾膠帶。

把名片放在裁切墊上，然後在名片的上下兩側橫向貼上15㎜寬的裝飾膠帶。

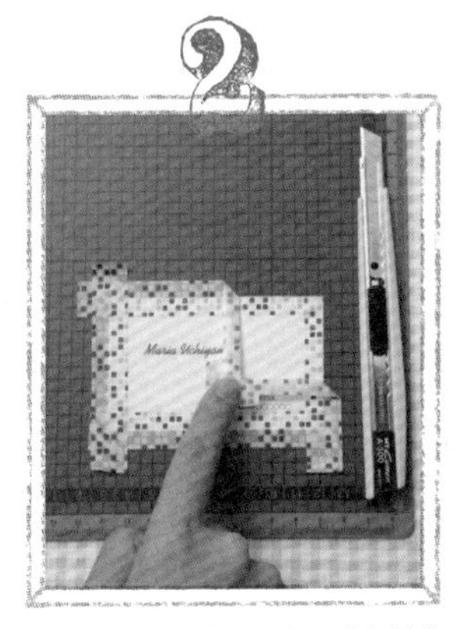

名片的左右兩端也要縱向貼上裝飾膠帶。用刀子沿著名片的輪廓切掉多餘的裝飾膠帶。

從3㎜寬的裝飾膠帶上剪取適當的長度，沿著姓名的下緣貼上。

Check!
想讓質感更好，
就注意四個角！
裝飾膠帶在名片的四個角落重疊導致花樣或顏色變醜時，只要用刀子輕輕劃一下除去重疊的部分，就會變漂亮了。

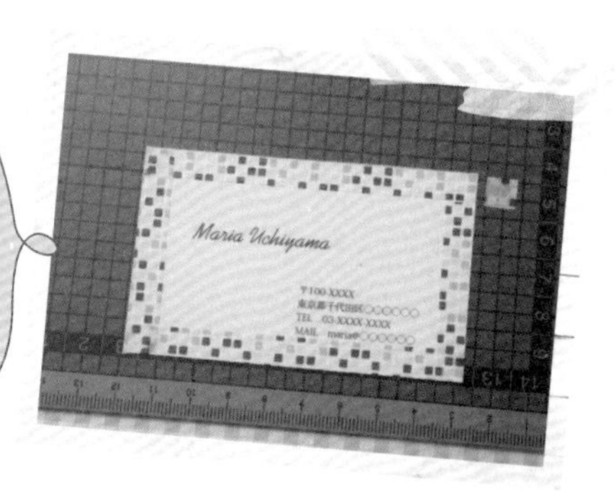

Point 38

用貼上美麗裝飾膠帶的名片簿輕鬆做好名片的整理收納♪

Level ★★★★★

把沒有花樣的基本款名片簿
用裝飾膠帶改造成典雅優美的筆記風。
成熟中帶點可愛，有個性卻不做作，
是辦公室也能用的超優設計♪

A 裝飾膠帶
30㎜寬：裝飾框・黑R
15㎜寬：可可
6㎜寬：deco F（圓點）
B 名片簿
C 標籤貼
D 美工刀、裁切墊、剪刀

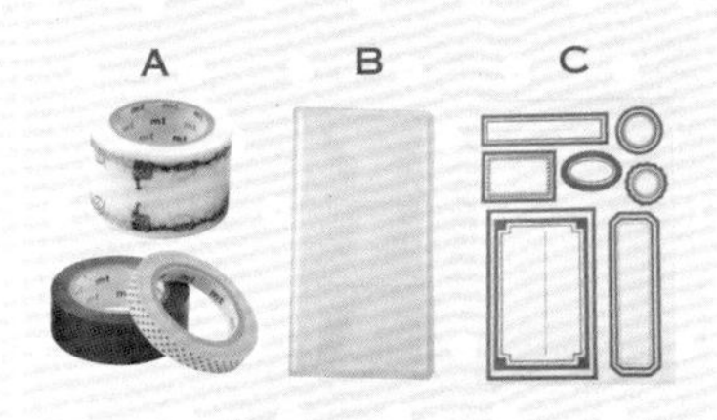

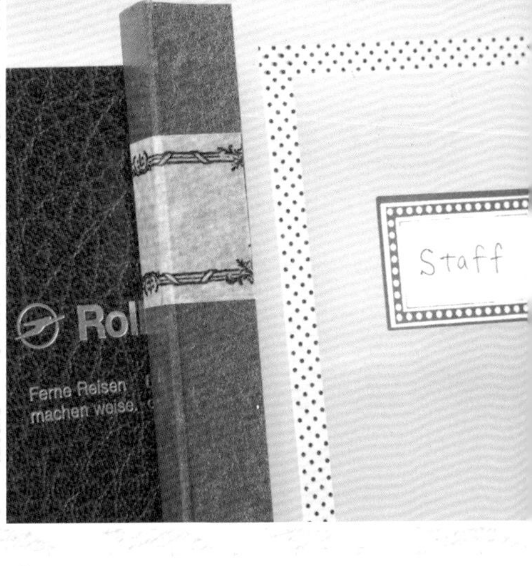

在書背上貼一張裝飾框花樣的膠帶，看起來更像筆記本。封面的標籤貼也可以用裝飾膠帶來代替。

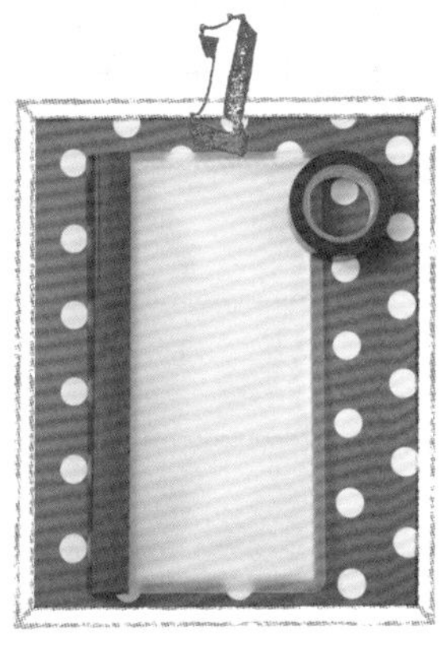

先在名片簿的背部貼15㎜寬的裝飾膠帶，然後在兩側各貼一條同樣的裝飾膠帶。

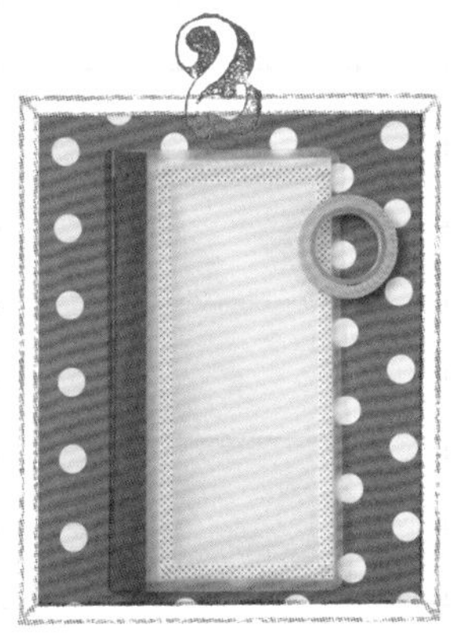

在名片簿的封面用6㎜寬的裝飾膠帶貼一個四角形。

從裝飾框花樣的膠帶上剪下一框的長度，在書背上貼成ㄇ字形，兩邊要等長。在封面上貼標籤紙。

Check!

貼的時候不留間隙是提高精緻度的訣竅

本例須在名片簿的書背貼3條裝飾膠帶。貼的時候要盡量對齊，別讓連接線太醒目。請仔細地貼，不要留下空隙。

Point 39

用彩色的裝飾膠帶讓磁鐵變可愛！

Level ★★★★★

磁鐵是白板和廚房常用的小物。
用彩色的裝飾膠帶讓原本純白的簡單設計
瞬間變成迷人的可愛風♡
只要貼在上面就變裝完成了，超輕鬆。

材料及用具

A 裝飾膠帶
30mm寬：斜條紋・銀
B 磁鐵
C 舊郵票
D 裁切墊、剪刀、膠

A

B

C

▲ 選用設計較為簡單的裝飾膠帶時，也可以在上面加貼復古風的舊郵票。

1

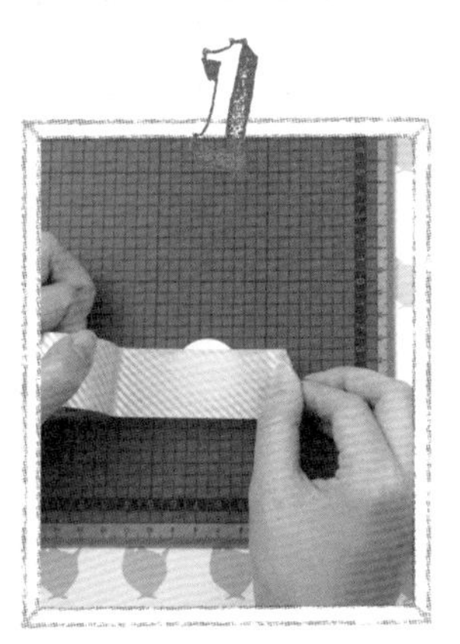

把磁鐵放在裁切墊上，從上方貼裝飾膠帶。剪成適當的長度。

2

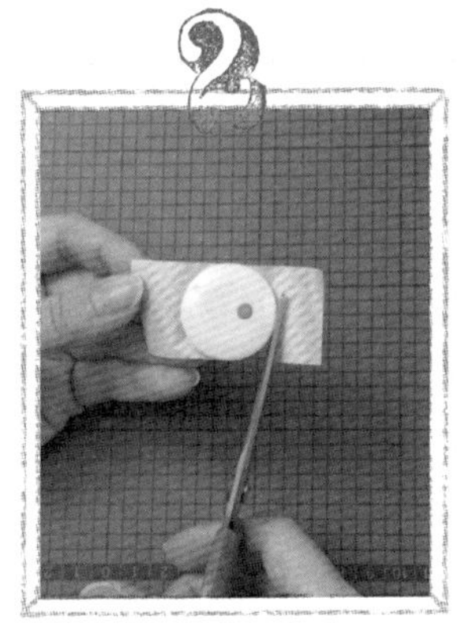

把磁鐵翻到裡側，用剪刀沿著輪廓剪掉多餘的裝飾膠帶。

3

在貼裝飾膠帶的那一面貼上舊郵票。

Check!

要使裝飾膠帶服貼在磁鐵表面

磁鐵表面大多是曲面的，所以貼裝飾膠帶時請用手指確實撫平，沒有縐紋才會漂亮。

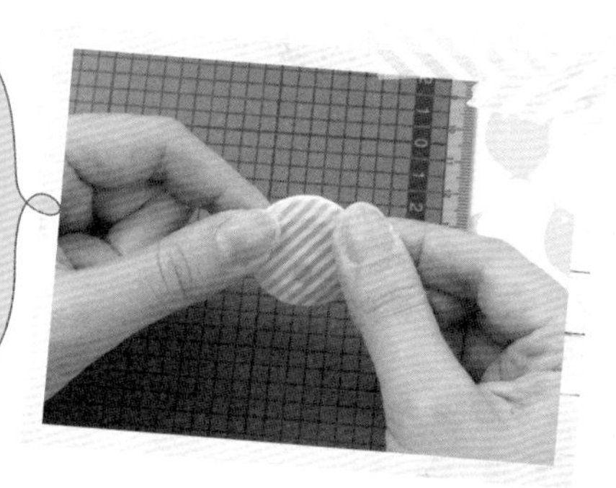

讓心情繽紛雀躍的可愛變身術！加上裝飾膠帶的月曆

Level ★★★★★

好好活用裝飾膠帶，
為簡易版月曆增加實用性和美觀性☆
例如製作每月索引或用窄版裝飾膠帶標示例行事項等，
讓月曆更有自己的風格。

A 裝飾膠帶
15mm寬：自己喜歡的花樣12款
3mm寬：自己喜歡的花樣適量
B 月曆
C 剪刀、筆

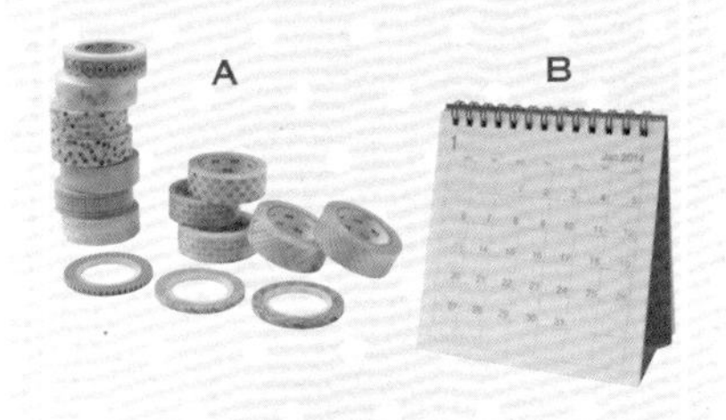

用喜歡的裝飾膠帶製作小小的索引標籤，貼在每個月的脇邊。看到可愛的圖案心情也會跟著UP！

把15mm寬的裝飾膠帶剪成適當的長度並摺起來做成索引標籤。換別的花樣並依相同方法製作，共12張。用油性筆分別寫上1-12的數字。

把索引標籤貼在各頁的邊緣。由上而下依序貼上，注意不要讓標籤重疊到。

把3mm寬的裝飾膠帶剪成小段，貼上星期、節慶、活動等的日期下部。

Check!
做索引標籤時的訣竅！
步驟1製作索引標籤時，裝飾膠帶要剪成適當的長度，然後像照片中這樣用手指彎起來，使有膠部分相互貼合。有膠部分要保留5mm左右。

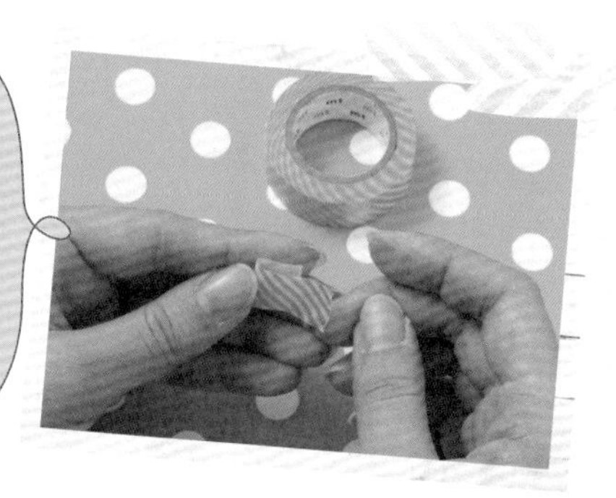

第46頁　實物大圖案的圖案

第48頁　書套的摺法

把影印紙橫放，把文庫本放在紙上。

配合文庫本的縱長，把影印紙的上邊和下邊摺起來。

把文庫本放在2上，把背部摺成ㄇ字形包住書。

把上方的紙摺進封面的內側。

把下方的紙也摺進封底的內側。這樣書套就完成了。

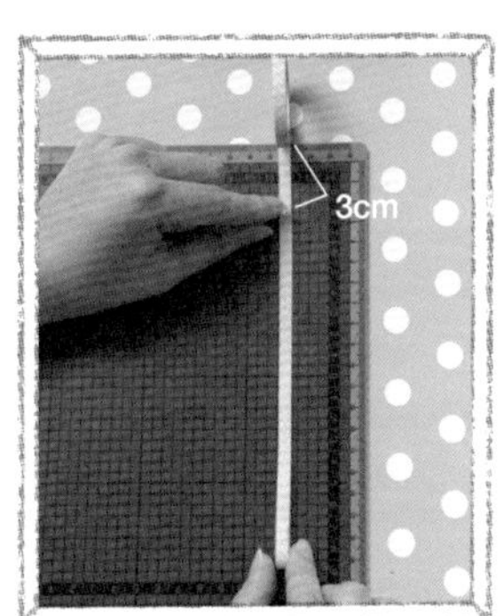

做書籤繩。把6㎜寬的裝飾膠帶拉出約35㎝長，留3㎝左右並對半貼合。把剩下的部分貼在書套的內側。

第66頁　CD套的摺法

把草紙縱向放置，使CD的上半部重疊在草紙上擺好。

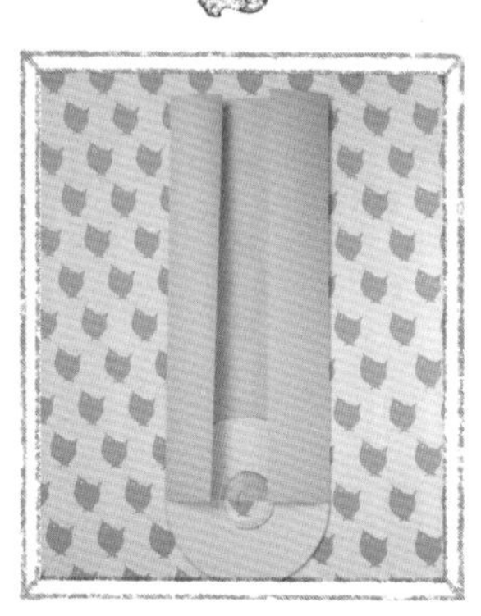

把草紙的左右兩側摺起來。

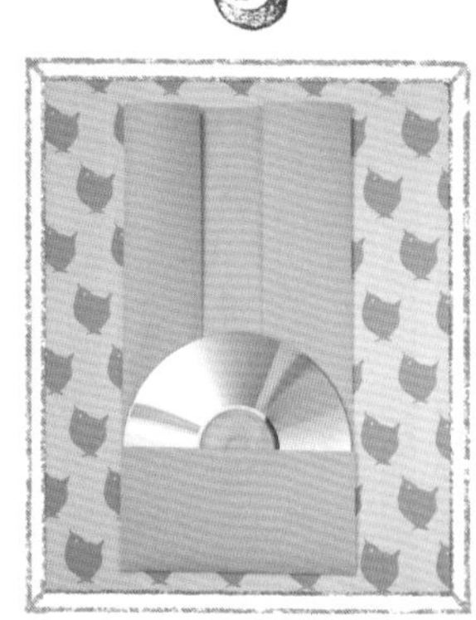

連CD一起往上反摺。

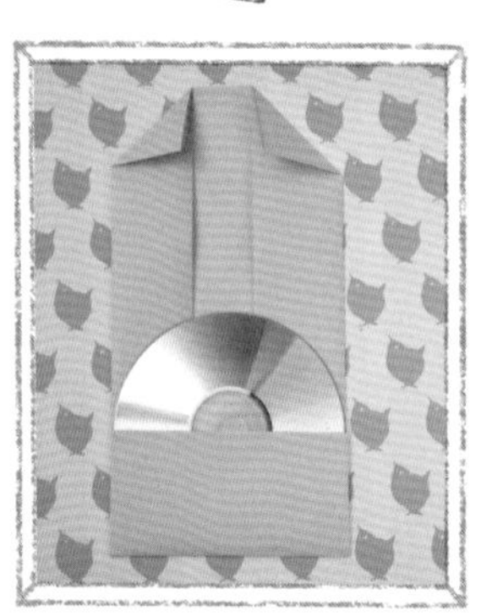

把上部的兩端分別摺成三角形。

把上部往下摺蓋住CD。

把紙端放進內側，完成。

第68頁　禮金袋的摺法

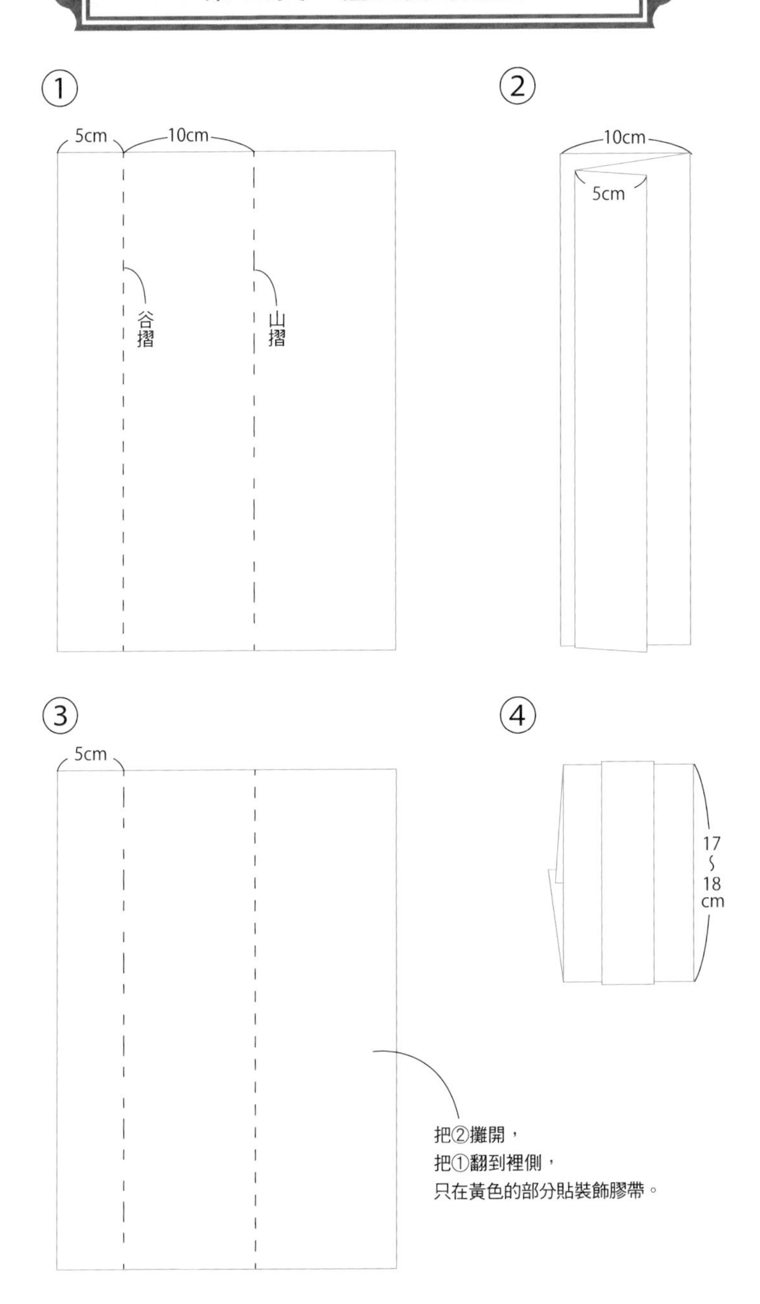
①
5cm
10cm
谷摺
山摺
②
10cm
5cm
③
5cm
④
17
∫
18
cm
把②攤開，
把①翻到裡側，
只在黃色的部分貼裝飾膠帶。

作品製作
森 珠美(もりたまみ)
1978年生。早稲田大學畢業。從小就對手作充滿興趣，在出版社工作歷練後自己獨立出來，從事以hand made為主的書籍執筆、編輯，以及製作。同著的書有《ぐるぐる編みの小さなかごと雑貨》(パッチワーク通信社)，監修的書有《素敵にアレンジマスキングテープをもっと楽しむ本》(メイツ出版)。

staff
攝影　牧野美保
設計　加藤美保子(スタジオダンク)
編集　Office Foret
　　　柴遼太郎(フィグインク)

Masking Tape De Tanoshimu Sutekina Kamizakka To Bunbougu
© FIGINC
All rights reserved.
Originally published in Japan by Mates Publishing Co.,Ltd.
Chinese (in traditional character only) translation rights arranged with
Mates Publishing Co.,Ltd. through CREEK & RIVER Co., Ltd.

出　　版／楓書坊文化出版社
地　　址／新北市板橋區信義路163巷3號10樓
郵政劃撥／19907596 楓書坊文化出版社
網　　址／www.maplebook.com.tw
電　　話／(02) 2957-6096
傳　　真／(02) 2957-6435
作　　者／フィグインク
翻　　譯／潘舒婧
責任編輯／黃湄娟
總 經 銷／商流文化事業有限公司
地　　址／新北市中和區中正路752號8樓
網　　址／www.vdm.com.tw
電　　話／(02) 2228-8841
傳　　真／(02) 2228-6939
港澳經銷／泛華發行代理有限公司
定　　價／240元
出版日期／2015年2月

國家圖書館出版品預行編目資料

紙膠帶輕手作 / フィグインク作 ; 潘舒婧譯. -- 初版. -- 新北市 : 楓書坊文化, 2015.02　96面21公分

ISBN 978-986-377-039-8 (平裝)

1. 工藝美術 2. 文具

960　　103025053